With love /
hedmet

Oct '86

Zu diesem Buch

Vier Exponenten einer neuen kabarettistischen Form, die dem Nummernkabarett herkömmlicher Prägung eine radikale Absage erteilt haben, stellen Texte und Lieder des politischen und sozialkritischen Protestes vor, die mit ihrer konkreten, engagierten Aussage das Publikum aus der kulinarischen Attitüde des amüsierten Bürgers herausreißen und es zu kritischer Auseinandersetzung und verbindlicher Stellungnahme herausfordern.

Franz Josef Degenhardt wurde 1931 in Schwelm geboren, er studierte Rechtswissenschaft in Freiburg i. B. und Köln, arbeitete von 1961 an als Assistent für Europäisches Recht an der Universität Saarbrücken, promovierte 1966 zum Dr. jur. Er wohnt mit seiner Familie in Bebrach-Fechingen bei Saarbrücken. Zum Jahresende 1968 übernahm er in Hamburg als Anwalt die Verteidigung von Angehörigen der Außerparlamentarischen Opposition, die wegen ihrer Demonstrationstätigkeit angeklagt wurden. Als rororo-Taschenbücher erschienen von Degenhardt: «Spiel nicht mit den Schmuddelkindern» (Nr. 1168), «Im Jahr der Schweine» (Nr. 1661), «Zündschnüre» (Nr. 1865), «Laßt nicht die roten Hähne flattern ehe der Habicht schreit!» (Nr. 1993), «Brandstellen» (Nr. 4074) und «Die Mißhandlung» (Nr. 4994).

Wolfgang Neuss: Jahrgang 1924. Lernte in der Landwirtschaft und im Schlachtereibetrieb. Nach fünf Jahren als Soldat und dreizehn Verwundungen begann seine kabarettistische Laufbahn. Stationen: Mutter Ey in München, die Bonbonniere in Hamburg, der Nürnberger Trichter und der Rauchfang in Berlin; Rundfunk und Fernsehen; Eigenprogramme mit Wolfgang Müller und Wolfgang Gruner sowie Dutzende von Filmen. Reisen durch Deutschland mit seiner Ein-Mann-Show.

Hanns Dieter Hüsch: Jahrgang 1925, geboren in Niederrhein. 1948 entstand sein erstes Chanson. 1952 Abbruch des Studiums. Lebt heute in Mainz.

Dieter Süverkrüp: geboren am 30. Mai 1934. Nach Besuch eines humanistischen Gymnasiums Ausbildung an der Werkkunstschule. Heute art director in einer Werbeagentur in seinem Wohnort Düsseldorf.

Franz Josef Degenhardt / Wolfgang Neuss
Hanns Dieter Hüsch / Dieter Süverkrüp

Da habt ihr es!

Stücke und Lieder
für ein deutsches Quartett
Mit 19 Illustrationen
von Eduard Prüssen

Rowohlt

112.–114. Tausend Januar 1983

Veröffentlicht im Rowohlt Taschenbuch Verlag GmbH,
Reinbek bei Hamburg, März 1970
© bei den Autoren (siehe Inhaltsverzeichnis), 1968
Illustrationen © Eduard Prüssen, 1968
Umschlagentwurf Werner Rebhuhn
Gesetzt aus der Janson-Antiqua
Geamtherstellung Clausen & Bosse, Leck
Printed in Germany
580-ISBN 3 499 11260 4

Für wen wir singen

Wir singen nicht für euch,
ihr, die ihr eure Riemen enger schnallt,
wenn es um Höheres geht.
Ihr, bis zum Rand voller Gefühlsmatsch,
ihr, die ihr nichts so haßt
wie eure eigenen verschwärten Leiber,
die ihr euch noch in Fahnen wickelt,
Hymnen singt,
wenn euch der Strahlengürtel schnürt.
Und nicht für euch,
ihr high-life-Spießer mit der
Architektenideologie,
ihr frankophilen Käselutscher,
ihr, die ihr nichts so liebt
wie eure eignen parfümierten Pöter,
ihr, die ihr euch nicht schämt
den Biermann aufzulegen,
weil der so herrlich revolutionär ist.
Nein, für euch nicht.

Wir singen nicht für euch,
ihr vollgestopften Allesfresser mit der
Tischfeuerzeugkultur.
Ihr, die ihr eure Frauen so wie
Steaks behandelt und vor
Rührung schluchzt, wenn eure fetten Köter
sterben. Die ihr grinst, wenn ihr an
damals denkt,
wie über einen Herrenwitz.

Und nicht für euch,
die ihr nur lebt, weil hier zuviel
und anderswo zuwenig Brot
herumliegt. Tempelstufenhocker,
ihr, die ihr nichts so liebt
wie eure eigenen bemalten Bäuche,
die ihr mit blödem
Haschisch-Lächeln eure
gesetzlosen Gesetze vor euch hin lallt.
Nein, für euch nicht.

Wir singen für euch,
die ihr die feige Weisheit eurer Heldenväter
vom sogenannten
Lauf der Welt in alle Winde schlagt
und einfach ausprobiert,
was richtig läuft. Die ihr den Lack, mit dem
die Architekten überpinseln,
runterbrennt von allem rissigen Gebälk.
Für euch,
die ihr die fetten Köter
in die Sümpfe jagt, nicht schlafen könnt,
wenn ihr an damals denkt, und alle
Allesfresser schnarchen hört
und nicht auf Tempelstufen hocken wollt,
solang der Schlagstock noch
die weiße Freiheit regelt,
Napalm noch die Speise für die Armen ist,
wir singen für euch.   *Degenhardt*

«Mit einer Herzverpflanzung scheint die Seele der Apartheid gerettet ...»

«Wir würden gern für die trommeln, die der Jacopetti-Film verteufelt. Wir würden gern fragen, für die, die noch nicht sprechen können: ‹Warum fuhr Lücke gerade jetzt nach Südafrika?›»

«Das ist doch klar: Fremdarbeiterprobleme!»

«In Kruppstadt, südlich von Johannesburg, versteht uns keine Sau. Könnten die sich artikulieren, würden die uns nie gestatten, daß wir Pseudo-Linken uns mit ihnen solidarisieren.» *Neuss*

An alle leichtfertig gutgläubigen SPD-Wähler. Zu singen nach der endgültigen Einführung der Notstandsgesetze – vorsichtshalber schon jetzt gesungen.

Ich gratuliere euch zu den Gesetzen.
Ein jedes Volk bekommt, was ihm gebührt.
Das Spiel ist aus. Jetzt will ich nicht mehr hetzen.
Ihr werdet selber sehn, wohin es führt.

Weiß Gott, ihr habt's fortan im Ernst zu tragen,
wofür die Schuld auf euer Konto geht.
Ich mag euch nicht einmal mein Beileid sagen,
da ihr mit einem Fuß im Grabe steht.

Es ist nicht immer schön, recht zu behalten.
Mir ist in diesem Fall nicht wohl dabei.
Seit alters her bleibt alles hier beim alten;
wenn man nicht weiß, wozu, ist man nicht frei.

Die Nacht kommt sehr, die Sonne wird schon kälter.
Ich schlachte jenes Bild noch einmal aus,
das sagt, daß unser Land der Arsch der Welt wär!
Ich mache mich, vor's knallt, zum Loch hinaus.

Man kann sein Land nicht wie im Scherz verlassen,
wenn die Gefahr am allergrößten ist.
Man kann nicht euch, nur eure Dummheit hassen,
die aus den Händen eurer Metzger frißt.

Noch hinter irgendwelchen Grenzen kauernd,
biet' ich euch meine kleine Hilfe an.
Und lehnt ihr ab, verlegen und bedauernd;
ich tue, was ich kann, wenn ich nur kann! *Süverkrüp*

Der Glaube an den Teufel ist in diesem Lande nie geschrumpft. Meist wurde er gehängt oder verbrannt. Unter der Herrschaft des humanistisch gebildeten, schwäbischen Bildungsbürgers auf dem Kanzlerthron steckt man ihn in den Kasten, setzt sich drauf, wartet, bis er sich nicht mehr rührt, und liest derweil laut im Chor, allen Kommunarden kund und zu wissen:

§ 116 StPO

I. Der Verhaftete soll, soweit möglich, von anderen gesondert und nicht in demselben Raum mit Strafgefangenen verwahrt werden. Mit seiner Zustimmung kann von dieser Vorschrift abgesehen werden.

II. Dem Verhafteten dürfen nur solche Beschränkungen auferlegt werden, die zur Sicherung des Zwecks der Haft oder zur Aufrechterhaltung der Ordnung im Gefängnis notwendig sind.

III. Bequemlichkeiten und Beschäftigungen darf er sich auf seine Kosten verschaffen, soweit sie mit dem Zweck der Haft vereinbar sind und weder die Ordnung im Gefängnis stören noch die Sicherheit gefährden.

IV. Fesseln dürfen im Gefängnis dem Verhafteten nur dann angelegt werden, wenn es wegen besonderer Gefährlichkeit seiner Person, namentlich zur Sicherung anderer, erforderlich erscheint oder wenn er einen Selbstentleibungs- oder Entweichungsversuch gemacht oder vorbereitet hat. Bei der Hauptverhandlung soll er ungefesselt sein.

V. Die nach Maßgabe vorstehender Bestimmungen erforderlichen Verfügungen hat der Richter zu treffen. Die in dringenden Fällen von anderen Beamten getroffenen Anordnungen unterliegen der Genehmigung des Richters.

So sind hier die Leute

He, Fremder mit dem Hinkefuß,
ich bin der Wirt. Kommt, tretet ein.
Ich sah, wie Ihr die Kurve nahmt.
Ihr rutschtet in den Graben 'rein.
Ein hübscher Wagen, schnell und rot.
Wir ziehn ihn morgen früh heraus.

Trinkt einen Schnaps, vielleicht auch zwei.
Ich rat Euch, bleibt in meinem Haus.
Die sind voll Mißtraun hier, die Leut,
und haben Hunde scharf gemacht,
die spüren jeden Fremden auf.
Und dies ist eine helle Nacht.
Ihr sagt: Wir leben doch heute!
Ja, gewiß –, aber so sind hier die Leute.

Die Leute sind verbittert, weil
die Ernte fault und auch das Geld.
Sie suchen den, der schuldig ist
an all dem Unglück in der Welt.
August, der Schäfer, hat den Mann
im Traum gesehn. Und in der Tat,
derselbe ist's, der Papst Johann
und Kennedy ermordet hat.
Und der hat einen Hinkefuß
wie Ihr und rotes Haar wie Ihr,
fährt einen Wagen schnell und rot,
trägt einen Kinnbart so wie Ihr.
Ihr sagt: Wir leben doch heute!
Ja, gewiß –, aber so sind hier die Leute.

Hört! Ihre Hunde haben die Spur.
Sie kommen. Werft den Mantel um.
Warum ist Euer Wagen auch
so rot? Das spricht sich schnell herum.
Sie haben ihre Forken mit.
Der Schulze führt den Haufen an.
Der Mond ist voll. Das ist die Zeit,

wo keiner nachts hier schlafen kann.
Geht 'raus! Die Flucht hat keinen Zweck,
denkt nur an Euren Hinkefuß.
Und ihre Hunde sind sehr schnell.
Nein, Ihr erreicht nicht mehr den Fluß.
Ihr sagt: Wir leben doch heute!
Ja, gewiß –, aber so sind hier die Leute.

Sie haben ihn noch eingeholt,
die Uferböschung war zu hoch,
zu hoch für seinen Hinkefuß.
Zu weit – zu hoch. Ich sagt' es doch.
An einem Telegrafenmast,
da hängt schon morgen früh ein Mann.
Er hängt an einem Hinkefuß,
am andern hängt ein Zettel dran.
Und wenn die Leute morgen früh
zum Hochamt gehn, dann lesen sie:
Hier hängt der, der der Mörder war
von Papst Johann und Kennedy.
Ihr sagt: Wir leben doch heute!
Ja, gewiß –, aber so sind hier die Leute.

Degenhardt

Hexenverbrennung, nach einem alten Holzschnitt

Es zog ein Brandgeruch ums Gotteshaus,
ein nacktes Weib starb kreischend in den Flammen.
Das Weib war als ein Teufelsweib bekannt.
Den Gott der Liebe haben sie genannt,
zu dessen Lob sie ihr das Leben nahmen.
Der Pfaff spendierte einen Extra-Segen.
Daran war allen kolossal gelegen.
(Nach dem Gewitter braucht es etwas Regen.)

Und viele wurden auf den Tod geschunden,
grad wie die angebliche Teufelsmagd.
Kein Bürger nicht hat nichts dabei gefunden –
und wenn, dann hat er es nicht laut gesagt.
Die Theologen konnten schlau beweisen,
daß so Eine der Teufel selber sei.
Man ging, erbaut, im Ratsherrnkrug zu speisen,
und fühlte sich von allen Sünden frei.

Das war im Jahre vierzehnhundertzehn.
Wir denken heute wesentlich humaner.
Wir lassen so was niemals nie geschehn
und bauen fest auf die Amerikaner.
Wir haben ein empfindliches Gewissen.
Wenn was von «schmutzigem Krieg» im Tagblatt steht,
dann möchten wir zumindest, bitte, wissen,
daß er gegen den Kommunismus geht.   *Süverkrüp*

Es war einmal ein deutscher Gewerkschaftsführer, der hieß
Kummernuß. Der machte einen Vorschlag, kurz vor seinem Ab-
treten, den alle Unternehmer nicht hören wollten, aber der min-
destens so mutig und gefellig war.
Wie ein Rubin heute nicht mehr blitzt, urplötzlich begann ich
das Undenkbare zu denken – was man ja soll.
Kummernuß sagte,
man soll sich sofort Gedanken machen, darüber, welchen Beruf
Bundeswehrsoldaten dann erlernen sollen,
in welche Industrie sie gehen sollen, wenn das Gefasel über die
Abrüstung in Mitteleuropa nicht nur solches bleibt,
sondern wenn hihihihi wirklich hihihihi abge- hihihihi -rüstet
wird haha. Sofort dachte ich hohohoho, mit Naivität ist mir nicht
mehr beizukommen.
Gräten-Klaus soll aus dem Rathaus raus. NATO ohne Bundeswehr. Klair. Fair
Um meine Meinung hehe kümmert sich jeder, um die Bundeswehr hähähä kümmert sich dann bestimmt der DG-Bund.
Meister Rosenberg wird seine Pläne in petto haben. Bezüglich
arbeitsloser Soldaten.
Rosenberg tickte früher progressiv, dann wurde er erster Mann
im DGB, tackte plötzlich christlich
– chrili, chriliberal, christlich liberal, lili, linksliberal.
Meistens ist das so bei Leuten, die was auf'm Kasten haben.
Wenn sie erstemal den Posten haben, bleibt der Kasten nur noch
Geist, Klassenkampf wird Kastengeist – fünfzig Jahre Kummer.
Meine Nuß kümmert sich spontan,
also konterrevolutionär (Bitte die Logik prüfen),
blindes Vertrauen zum DGB, daß dieser sich um die Menschen

kümmere, um das «Menschenmaterial» – sprich wie schreib.
Ich dachte:
Europa rüstet ab, Mitbestimmung, ich Illusionist,
sei nur noch Frage von Sekunden. Volksverdummern, gewerk-
schaftsfeindlich, wird Papier entzogen. Haut dem Springer auf
die Finger!
Drucker und Setzer streiken, denn Mitbestimmung heißt nicht
nur Arbeiter hihi, Angestellte hahaha, Beamte hähähähä
wollen mitbestimmen, weil mehr Geld, sondern auch gegenteilig
weniger Geld,
mehr Frieden.
Das ist Hauptsache an Mitbestimmung:
Was produziert wird. Wer bestimmt denn das?
Was also produzieren wir statt Waffen?
Brot für die indische, indianische, Negerwelt Detroits,
Revolution für Südamerika statt Krieg.
Für Afroasien Eisenbahnen statt B 52.
Ohne Verdiene: von Sambia nach Tansania
läuft demnächst die Mao-Schiene.
Was aber tun wir mit Waffen, die schon produziert sind? Die wir
kaufen, kauften, kaufen sollen?
Materialistische Ideen muß man produzieren, popularisieren,
propagieren:
Aus MG kann man Spritze für Gartenberieselung machen
Aus Panzer Taxis für Hundebesitzer kann man machen
Aus Kanonen Pipelines für Schrebergärten
Aus MP Kleinstaubsauger für taube Ohren
– Schmalztilger –
Aus Düsenjägern Särge für den Bundesverband der deutschen
Industrie
Aus Napalm Düngemittel

Aus Atombomben Krebsbekämpfer
kann man
Aus Laserstrahlen Landstraßenbeleuchtung, gelb is schöner
Aus Vietnam Vitamin
Aus Raketen Schwäb'sche Eisenbahnen
aus . . . aus . . . aus . . . aus . . .

Meine Phantasie reicht nicht aus. Wie kann man das ganze Zeugs
zum Totmachen zum Lebendigmachen einsetzen?
Gewaltlosigkeit? Lebensprinzip? (Bitte die Logik prüfen)
Kleiner, irrer freischaffender Künstler, gewerkschaftlich organi-
sierter Boß, Weltverbrüderer auf Kosten Andersfarbiger.
Degenhardt Bundeskanzler, Süverkrüp Familienminister, Hüsch
Verkehrsminister, Neuss außerehelicher Verkehrsmini, Biermann
Verkehrsminister in der DDR!
(Nur nach gelungener Revolution in der BRD).
Axel entflechtet morgens, abends: Mittag ist weg, kein Mittag
mehr, Schachzug entgleist, Jasmin stinkt.
Dutschke Minister zur Vernichtung von Bürokratie.
Guter Rat für Berlin: Koalition mit Kuba. Lefèvre enteignet.
Das sind nicht nur verfassungsrechtlich erlaubte Mittel, sondern
notwendiger Zwang. Fidel castriert Rückschritt. Der SDS über-
wacht Lücke.
Es ist wahr: einmal ist es soweit!
Die Minderheit wird euch amortisieren – Arbeiterverräter. Mit-
bestimmungs-Attentäter.   *Neuss*

EWG (England Will Geiner)

Im Namen von Staatssekretär Hüttebräuker endlesen wir ein Weißkohlbuch mit dem Titel «Aktion Weichhirnchen».

Beziehungsweise: Haben die Deutschen genug Kinder im Keller?

Beziehungsweise: Haben die Männer immer etwas Hirse in der Hose?

Beziehungsweise: Haben die Frauen genügend Artischocken unter den Röcken?

Beziehungsweise: Wissen alle, daß das Inhalieren einer vier Monate alten Auster für den menschlichen Genuß nach einer Atomexplosion ungefährlicher ist als das hastige Herunterschlucken englischer Plumpuddings außerhalb der EWG?

Neuss

Das Leben - ein Supermarkt

Sie hieß von vorn Maria;
er fuhr den neuen Ghia;
war grade weg vom Militär
und fühlte sich als selfmordman
seither.
Und hatte bei ihr einen Stein im Bett.
War alles ganz nett –
nur stur.

An einem rotznasigen Ramschtagmorgen
fuhren sie in die Stadt,
dies und das zu besorgen,
was man so nötig hat,
wenn man sich zusammenfindet
und sich einen Hausstand gründet,
anfänglich noch provisorisch,
später aber doch notorisch:
wie unsre Republik,
wie du & ick.

Es sprach die Maria zum Bräutigam:
«Ich geh mal eben nach Bettbezügen.
Du kannst derweil einen Parkplatz suchen
und auf mich warten – da drüben –,
bin gleich wieder da.»
Fährt mit der Rolltreppe ins Geäst
der rostfreien Träume, es kann
Marien nichts halten, das Supermarktweib-
liche zieht sie hinan.

Der Geschäftsführer, liebenswert wie ein goldener Löffel,
hat sich in Jahren vom einfachen Rechenstift zum Computer
hochgearbeitet. Wollen Sie bitte beachten: Nur von
montags bis freitags an unseren Kassen siebzehn und achtzehn
können sterbliche Hüllen in Zahlung genommen werden.
Hier der Angebotsschlager der Staatsraison, praktisch für alle
Kruzifixfertigen. Greifen Sie zu! Nur zwei Mark zehn.
Das Abendgebet aus der Sprühdose füllt ihr Haus in Sekunden
mit leuchtender klarer Bouillon, schenkt jugendliche Frische,
verwöhnt die Frauen und hält ihr Gebiß fest.

Unter den Stoffballen lungert
die Sehnsucht der kleinen Maria.
Doch auch ein silberner Hering
in Sülze reizt sie;
der träumt bei klirrendem Neonlicht
von Korsika oder auch nicht.

Auf den Spuren der Kimbern und der Teutonen, nur vierzehn
Tage für dreihundert Mark warm und reichlich Antike naschen,
sonniger Süden. Sind Sie ein Fotografierschrot, mein Fräulein?
Italjener und dieser Verlockenkopf wird sich schon finden,
Päderastplatz genug in eigenen Ölbaum-Hainen.
Unsre maßhaltigen Mieder schneiden unmerklich tief ins
sanfte Fleisch. Jetzt neu die sportlichen Trauerkleider,
passend für jede Gelegenheit, dürfen in keiner modernen
Aussteuer fehlen – jetzt Notstandspaketchen verschenken, Rest-
posten
(heute versorgen, die nächste Debatte kommt bestimmt).
Neu der gebremste Allzwecksarg mit Strahlenschutz,
sehr popogen, im Sommer auch praktisch als Paddelboot.
Das gabs noch nie!

Unter den Stoffballen lungert die Sehnsucht.
Die Farah Diba kriegt wieder ein Kind.
Wie mag die Frau von dem Franco wohl sein?
Na Gott, wie die so sind!
Stimmt, ja, ich habe die Blutwurst vergessen –
in welcher Kirche sollen wir trauen?
Sonntags komm'n später die Eltern zum Essen;
welch ein Glück für die Frauen,
daß es das Glück jetzt auch kochfertig gibt.

Um die Wurst der konfrommen Denkungsart drängt sich der
Lebensmittelstand, Kauflustgreise, Frauen erfolgsamer Männer.
Unter ihnen auch ein Vertreter der mausgrauen Zunft,
Offizierat am Hut wie eine geschmückte Matrone.
Bildzeitung. Denkt an die Brüder im Orkus. Matthias Walden,
Frohsinn von der Salzstange, kauft Leute, schmeckt einfach jedem;
paranoi macht der Mai, Antisemitläufer, Gott war's nicht,
immer schon ziemlich berlinientreu,
Schnaps soll ja auch teurer werden.

Bei den kleinen nackten
Hühnern auf dem Grill
fällt Maria ein, daß sie sechs
Kinder haben will.

Und in Sommerschlußpanik
raus aus dem Preßluftschloß, raus!
Wie sieht die ganze heisere Stadt
so still und seltsam aus?

«Ich habe gewartet wohl zwanzig Jahr»,
sagte ein dicker Mann.

24

Wozu lange reden – kurz und gut:
der war mal ihr Bräutigam.

«An dieser Stelle trennten wir uns,
und sahn uns nicht mehr seither,
unsere Tochter hat sich die Woche verlobt,
unser Sohn ist beim Militär.»   *Süverkrüp*

«Der Student Benno Ohnesorg hat sich am 2. Juni 1967
selbst erschossen, mit einem langen Messer, was wie 'ne
Armbanduhr aussah.»   *Kurras*
Die zwischen den Zeilen
Widerstand leisteten
damals,
die sich zurückzogen
in das Reich Beethovens
damals,
und dann wieder herauskamen
und immer noch schreiben,
die heben jetzt mahnend die Stimme:
Maßhalten, sagen sie, maßhalten
ihr Polizisten,
maßhalten
ihr Studenten,
maßhalten
ihr Exploiteure und Gouverneure,
maßhalten
ihr Arbeiter, Chinesen und Neger,
maßhalten ihr Mörder,
maßhalten ihr Opfer.

Notar Bolamus

Der alte Notar Bolamus
muß weit über neunzig sein,
macht täglich noch seinen Spaziergang,
trinkt sonntags ein Schöppchen Wein,
liest immer noch ohne Brille

die Zeitung, die er seit jeher las.
Aber nur noch die Todesanzeigen,
und er hat dabei seinen Spaß.
Er kichert und kratzt sich
in Greisenlust zwischen den Zehen.
«Zu leben», sagt er,
«das muß man eben verstehen.»

Der alte Notar Bolamus,
der hat das richtige Rezept,
wie man so alt wie er wird
und immer noch weiterlebt.
Und er erzählt's am Stammtisch
auch jedem, der's hören will.
«Das ist es», sagt er, «alles ganz
einfach mit Maß und mit Ziel.
Und niemals, Verehrtester,
irgendwas übertreiben.
Dann wird jedes Organ
und alles in Ordnung bleiben.»

Der alte Notar Bolamus
hat so gelebt, wie er sagt.
Hat ein bißchen geraucht und getrunken,
ein bißchen von allem genascht, ein bißchen an allem genagt,
ein bißchen geschafft, ein bißchen gezeugt,
ein bißchen Vermögen gemacht.
Und manchmal ist er am Morgen sogar
ein bißchen erschrocken erwacht.
Ja, der alte Notar Bolamus
hat nie etwas übertrieben.

Und darum ist er auch bis heute
so gesund geblieben.

Der alte Notar Bolamus
hat sich gut durch die Zeit gebracht,
weil: er war immer ein bißchen dafür
und ein bißchen dagegen, und er gab immer acht.
«Nur Auschwitz», sagt er, «das
war ein bißchen viel.»
Und er zitiert seinen Wahlspruch
«Alles mit Maß und mit Ziel».
Ja, sein Urteil war immer
sehr abgewogen.
Und darum ist er auch bis heute
um nichts betrogen.

Der alte Notar Bolamus
muß weit über neunzig sein,

macht täglich noch seinen Spaziergang,
trinkt sonntags ein Schöppchen Wein.
Und jetzt nehmen wir mal an, er kommt einmal
dann doch zu dem, den er Herrgott nennt,
eine Mischung aus Christkind
und Goethe und Landgerichtspräsident.
Und dieser, der täte ihn schließlich
dann auch noch belohnen.
Mal ehrlich, Kumpanen,
wer von uns möchte da wohnen?   *Degenhardt*

Deutsche Zunge

Ich bin ein deutscher Herr
Ich bin ein hochdeutscher Herr
Ich bin des Deutschen mächtig
Ich habe einen deutschen Mund
Ich kann meinen deutschen Mund öffnen
– meinen deutschen Mund halten
– mit Hilfe meiner deutschen Zunge Deutschland sagen
– Dichter und Denker sagen
– meinen Mund öffnen, und mit Hilfe meiner deutschen Zunge
auf hochdeutsch dummes, armes, grausames, korruptes, heiliges,
vergammeltes, vergeistigtes, verfressenes, gebildetes, geteiltes,
verbundenes, verinnerlichtes Deutschland sagen
Ich kann Westdeutschland sagen
– Ostdeutschland sagen
– Bundesrepublik sagen
– sogenannte DDR sagen
– sagen, was ich will

Ich kann sogenannte sowjetisch besetzte Zone sagen
– sogenannte Bundesrepublik sagen
– alles durcheinander sagen
– sagen: Ich sage, wie es ist
– es mir ins Gesicht sagen

Ich kann mir in aller Ruhe sagen: Erkennt die Oder/Neiße-Linie
an
Ich kann mir in allem Zorn sagen: Erkennt die Oder/Neiße-Linie
an
Ich kann sagen: Ich kenne keine Polen

Ich kann sagen: Ich kenne keine Deutschen
Ich kann in meinen vier Wänden auf einen Stuhl klettern und
kann es sagen
Ich kann es gegen die Wand sagen
– gegen die Decke sagen
– zum Fenster 'raus sagen
Ich kann meinen Kopf in einen Kochtopf stecken und in den
Kochtopf hinein sagen: Erkennt die Oder/Neiße-Linie an
Genau wie ich allein auf dem Felde, oder in einem Gebüsch versteckt, «Brummbär» oder «Schaumgummi» sagen kann, kann ich
in einen Kochtopf hinein: Erkennt die Oder/Neiße-Linie an,
sagen

Ich kann es auf hochdeutsch sagen
– in Liedform sagen
– in Gedichtform sagen
– direkt sagen
– indirekt sagen
– verschlüsselt sagen
– künstlerisch wertvoll sagen
– lispelnd sagen
– offen sagen
– idiotisch sagen
– nebenbei sagen
– meinem Nachbarn sagen,
der kann es seinem Nachbarn sagen

Ich kann inzwischen Initiative sagen
Ich kann durch einen Wald laufen und ganz laut Initiative sagen
Ich kann mich in die Wüste setzen und schrecklich laut: Erkennt
die Oder/Neiße-Linie an, sagen

Ich kann es als Gnom in der Wüste sagen
Ich kann in der Wüste Sachfragen sagen
Ihr könnt in der Wüste Sachfragen sagen
Alle Deutschen können auf hochdeutsch Sachfragen sagen
Alle Deutschen können in der Wüste auf hochdeutsch Sachfragen
sagen
Alle Deutschen können als Gnom in der Wüste alles durchein-
ander sagen, können: Erkennt die Oder/Neiße-Linie an, sagen
können sagen, was sie wollen
werden aber nicht gehört

Ich werde nicht gehört
Sie werden nicht gehört
Ihr werdet nicht gehört
Wir werden nicht gehört

Darum können wir Deutschen alles sagen.   *Hüsch*

Verkürzte Darstellung eines neuerlichen
Deutschland-Erwachens

Sie kennen das Viertel?
Na, ja!
Jede Nacht Riesenbetrieb!
Sie verstehn?
Ein schütteres Haus,
noch schön,
das aus dem letzten Krieg übrigblieb.
Eines Tags zwischen geröteten Fenstern,
es ist da so'n kleiner Balkon,
hängt an der knospenden Eisenbrüstung
ein Ding von enormer Façon.
Ein riesiges, apfelschimmliges Ding,
metaphysisch und indanthren –
ein Riesen-BH. Ich sage Ihnen,
das hat noch kein Mensch nicht gesehn!

Jedes Segeltuch hätte allein einen ganzen VW gefaßt.
Hätten auch noch zwei Zentner Kartoffeln
bequem mithineingepaßt.
Männer starren mit angstvollen Hosen
Jedermann fragt sich erschreckt,
ob das Ding echt ist, wenn ja, wem's gehört,
und wer wohl dahintersteckt.

Doch solang die Hausverwaltung
keinerlei Auskünfte gibt,
bleibt die undurchsichtige Lage
getrübt.

Nächsten Tag hängt es noch immer, das Ding.
Die Frauen der Anwohner schäumen.
Die Straße ist schwarz von gierigen Menschen
und von gigantischen Träumen.
Flugs kommt der Leppich, jedoch nicht zu Wort.
Ein Milchmann blickt milchig verstört.
Von der Kupplerin aus dem Nebenhaus hat man ein Gerücht
gehört.
Betreffend die große Gebärerin.
Die Mutter des kommenden Führers und Kanzlers.
Des Wiedervereinigers, Wiederverschmutzers
und Wiederverlierers;
Vater und Mutter in einem Stück, hermaphrodito: vollautoma-
tisch.
Neu in der Klarsichtpackung, bigottgewollt, fiebrig, blutig,
sympathisch.
Doch solange die Bundesregierung
keinerlei Auskünfte gibt,
bleibt die undurchsichtige Lage
getrübt.

Der Chor der Unwohlstandsbürger schreit
nach Käse und Opposition.
Hinter verschlossener Türe riecht's dynamisch
nach Großer Koalition.

Die Notstandsgesetze werden an's Licht gebracht.
Vormittags, viertel nach zehn.
Es geht um die Ehre von Staat und Nation.
Es muß jetzt ein Wunder geschehn.

Und dann geht auf einmal der Rummel los. Deutschland hat wieder gewaltige Brüste.
Aus mickrigen Dampfherzen quell'n unerwartete Freuden
und schreckliche Lüste;
die setzen sich über die Schranken des Alltags hinweg.
Groß und klein
woll'n ganz wie früher, rund um die Mutterbrust, eine Familie
sein.
Doch solange es immer noch offene
linke Kritiker gibt,
bleibt der Genuß des Irrationalen
getrübt.

Sie kennen das Viertel?
Na, gut!
Heute nacht Riesenbetrieb!
Sozialistisches Blut
fließt, das vom letzten Mal überig blieb.   *Süverkrüp*

Ich bin ein deutscher Lästerer

Ich habe mich von Kindesbeinen an zu einem deutschen Lästerer
entwickelt
Ich habe meinen deutschen Laufstall nicht verlassen
Ich habe schon mit einem Jahr gesprochen
Ich habe schon mit vierzehn Monaten einen guten Eindruck ge-
macht
Ich habe schon mit 36 Monaten mir meinen Scheitel selbst ge-
kämmt
Ich habe niemals Obst gegessen, wenn es nicht vorher stunden-
lang gewaschen war – wer weiß, durch wieviel Hände dieser
Apfel schon gegangen ist
Ich habe in der Schule meine Butterbrote immer aufgegessen
Ich habe im Kindergottesdienst immer ausgesehen wie ein Schaf
Ich habe meine deutschen Bleyle-Hosen bis zum ‹gehtnichtmehr›
getragen
Ich habe als Sextaner zur Oberprima aufgeschaut
Ich habe als Primaner Professoren für die Allergrößten gehalten
Ich habe mich dann geistig auf dem laufenden gehalten
Ich habe mich dann musisch auf dem laufenden gehalten
Ich habe mir dann sagen lassen müssen, daß ich ein internationa-
ler Mauschler bin
Ich habe mir dann sagen lassen müssen, daß ein Volk wie eine Art
Familie ist
Ich habe mir dann sagen lassen müssen, daß es Gott doch gar
nicht gibt
Ich habe mir dann sagen lassen müssen, daß es Gott doch gibt
Ich habe mir dann sagen lassen müssen, daß ein deutscher Soldat
mehr wert ist als ein russischer Soldat
Ich habe mir dann sagen lassen müssen, daß ein deutsches Kind

biologisch viel höher steht als ein Zigeunerkind
Ich habe mir dann sagen lassen müssen, daß ich ein weltfremder
Idiot bin
Ich habe mir dann sagen lassen müssen, daß ich doch mal zum
Friseur gehen soll

Sie könnten sich auch mal die Haare schneiden lassen
Sie haben wohl kein Geld, zum Friseur zu gehen
Sie haben wohl wieder Ihre Trotzphase
Sie dürften mein Sohn nicht sein
Mit solchen Haaren
Ich müßte Ihr Chef sein
Mit solchen Haaren dürften Sie mir nicht kommen
Was sagen denn Ihre Eltern dazu?
Bei Adolf hätten Sie so nicht herumlaufen können
Sie meinen wohl noch, das wäre schön

Würden Sie mir bitte einen Kamm kaufen

Ich kann Ihnen ja nichts sagen: Das ist ja diese Demokratie
Das ist ja dieser amerikanische Einfluß
Wenn ich Ihr Vater wäre, ich würde Sie mit einer Hecken-
schere in die Mache nehmen
Wir sind auch mit kurzen Haaren groß geworden
Das ist doch alles diese Überfremdung
Ein Jahr Arbeitsdienst, und die Haare wären weg
Das ist doch wohl ganz einfach eine Sache des geringsten
Anstands
Ihr Friseur hat sich wohl den Arm gebrochen?
Ihnen ist es wohl gleichgültig, wie Sie aussehen?
Die Haare kann man sich doch wenigstens schneiden lassen
Wir hätten so nicht vor unseren Lehrer treten können
Ich kann Sie mit meinem Wagen rasch zum Friseur fahren

Ich habe mir dann sagen lassen müssen
daß Gottes Mühlen langsam mahlen
daß der gesunde Menschenverstand immer noch die Richtschnur
ist
daß ich nicht soviel rauchen soll
daß eine deutsche Frau in erster Linie Mutter ist
daß die moderne Kunst krankhaft ist
daß ich Vater und Mutter ehren soll
daß schon der geringste Anstand verlangt, zuerst Deutscher und
dann Mensch zu sein
daß ich nicht alles negativ sehen soll

Ich habe mir dann sagen lassen müssen, daß ich indifferent bin
daß ich einen zu einseitigen Standpunkt habe
daß ich gar keinen Standpunkt habe
daß ich doch gleich nach Moskau gehen soll

Daß ich ein Kleinbürger bin
daß ich verwahrlost bin
daß ich dafür zu jung bin
daß so die Freiheit nicht aussieht

Daß ich gerade gehen soll
daß ich konsequent sein soll
daß ich in eine Partei gehen soll
daß ich meine Butterbrote aufessen soll
daß ich auch mal zum Friedhof gehen soll
daß ich nicht ungewaschenes Obst essen soll
daß ich einen guten Eindruck machen soll
daß ich wieder wie ein Kind werden soll
daß ich wieder in meinen Laufstall soll
daß ich den Mund halten soll
daß ich meinen deutschen Laufstall nicht verlassen soll.   *Hüsch*

Wie oft hat man sie schon totgesagt, doch
hier im Innern des Landes leben sie noch
nach den alten Sitten und alten Gebräuchen,
kaum dezimiert durch Kriege und Seuchen,
stämmig und stark ein beharrliches Leben,
den alten Führern in Treue ergeben,
dem herzhaften Trunke, der üppigen Speise,
in Häusern, gebaut nach Altväterweise,
gefestigt im Glauben, daß alles fließt,
daß unten stets unten, oben stets oben ist.

Wie oft hat man sie schon totgesagt, doch
hier im Innern des Landes leben sie noch,
die gewaltigen Mütter mit Kübelhintern,
Bewahrer der Sitten, Leittier den Kindern,
die Männer, die diese Mütter verehren
und auf ihr Geheiß die Familie vermehren,
die Söhne, die nach diesen Vätern geraten
– prachtvolle Burschen und gute Soldaten –,
die Töchter, die mit dem Herzen verstehn
und im weißesten Weiß hochzeiten gehn.

Wie oft hat man sie schon totgesagt, doch
hier im Innern des Landes leben sie noch
und lieben die Blumen und Hunde und Elche,
vor allen Dingen die letzteren, welche
aus Bronze sie in die Wohnzimmer stellen,
wo sie dann leise röhren und bellen,
wenn jene traulichen Weisen erklingen,

die ihre Herrchen so gerne singen,
kraftvoll und innig nach gutalter Art,
von den zitternden Knochen, vom Jesulein zart.

Wie oft hat man sie schon totgesagt, doch
hier im Innern des Landes leben sie noch
und folgen den Oberhirten und -lehrern,
den Homöopathen und weisen Sehern.
Sie lieben das erdverbundene Echte,
hassen zutiefst das Entartete, Schlechte,
sind kurz vor der Sturmflut noch guten Mutes
und tanzen im Takt ihres schweren Blutes,
einen Schritt vor, zurück eins, zwei, drei,
und schwitzen und strahlen und singen dabei:

Wie oft hat man uns schon totgesagt, doch
hier im Innern des Landes leben wir noch.
Ja, da leben sie noch.   *Degenhardt*

Intermezzo

Wanderlied 68

Ich wandre immer
in Gedanken
durch mein Niemandsland.
Dort liegen alte Hände, große Spaten,
späte Grüße im weißen Niemandssand.
Dort wachsen blaue Gräser, Krüppelbäume
in meinem Niemandssumpf.
Dort springen krause Träume in der Frühe übers Moor,
dort sitzt der Mond am spätern Nachmittag
schon auf des Milchmanns Rumpf.
Dort jagt die Trommel
kalt die Bauern aus dem Bett,
und schlägt der Küster wild die Glocken,
singen Knaben sehr lateinisch im Quartett.
Ich wandre immer in Gedanken,
so durch meine Niemandsstadt.
Wo in den Fenstern schon das Moos wächst,
kein Mensch Mitleid hat.

Wo auf dem Friedhof sich die Weiden biegen
und die Astern stinken.
Wo manchmal noch drei Kopftuchtanten
aus der Apotheke winken.
Wo gelbes Licht sich, eitel, Heimat schimpft,
und man die Kinder gegen Außenseiter impft.

Halleluja, uja, uja.
Weiß mir ein Blümlein blöde,
das wächst in meinem Herzen,

das blüht in meinem Kopfe.
Macht Freude mir und Schmerzen –
ist voller Spott und spröde.

Ich wandre nicht durch Birkenhaine und Zitronengrün,
kein Mensch sieht mich auf Stoppelfeldern und beim Spatenstich.
Ich wandre durch meine Niemandsstadt –
vielmehr, sie wandert stets durch mich.

Mit ihren Tropfsteinkellern, ihren Zwiebelmusterküchen,
mit ihren kleinkarierten Bettbezügen.
Mit ihren Fliegenschränken und Familiensprüchen,
mit ihrem Sonntagsausflug, ihren Turnerriegen.
Mit ihren konfessionsbewußten Kaffeekränzchen,
mit ihren Oster-, Pfingst- und Erntedankfesttänzchen.
Mit ihren Schwänen, die nach Zwieback schrein.
Mit ihrem Heimat-, Tier-, Natur- und Schutzverein,
mit ihren eingemachten Bohnen aus dem Faß.
Mit ihrem Fleiß, die andern zu besiegen,
mit ihrem hausgemachten Haß,
mit ihren Augen, die durch Wände fliegen.

Halleluja, uja, uja.
Weiß mir ein Blümlein grau,
das zuckt in meinem Herzen,
das klopft in meinem Kopf.
Macht Freude mir und Schmerzen –
und das ist mal dumm, mal schlau.
Ich wandre nicht durch Palmengärten und Kaffeeplantagen,
kein Mensch sieht mich auf Bergesspitzen bis zum Sonnenstich.
Ich wandre durch meinen Niemandsfluß –
vielmehr, er wandert stets durch mich.

Es fließt durch mich der Niemandsfluß.
Es treibt mich fort – da wird kein Halt sein.
Er lehrt mich rechnen, minus plus, und möchte, will und kann
und muß.
Am Ende wird ein unheimlicher Wald sein,
ein Wald von Sprüchen, Zahlen, Augen, Ohren, viele Hände.
Und es wird höllisch kalt sein.
Es fließt durch mich ein sinnloses Gelände.
Ich werde alt sein,
und alles Wandern hat ein Ende.

Halleluja, uja, uja.
Weiß mir ein Blümlein blaß,
das schläft in meinem Herzen,
das stirbt in meinem Kopfe. ·
Bracht' Freude mir und Schmerzen –
und lebte nur zum Spaß.
Halleluja.   *Hüsch*

Irgendwas mach' ich mal

Während der Woche nach Schichtschluß,
macht er nicht viel.
Mal 'n Bier, Fernsehn,
Krimi und Länderspiel.
Kein Kräfteverschleiß,
fährt im leeren Lauf.
Erst Freitag nach Schichtschluß
dreht er auf.
Wegduschen erst mal
den verdammten Gestank.
Dann den Karierten an, braun –,
Jacke halblang,
Binder um, farbig und breit,
aber damit auch Schluß.
So 'n bißchen auf sweet,
aber – hart, wenn's sein muß.
«Sehr guter Typ», sagt er
vorm Spiegel und bläst
den Rauch durch die Nase,
verspricht sich ganz fest:

Irgendwas mach' ich mal,
irgendwann,
und dann
komm' ich ganz groß,
ganz groß
raus.

Im Big Apple, sagt einer,
sollen paar Neue sein.
Die muß er mal ansehn,
da geht er mal 'rein.
Und wenn er dann so steht,
sich bißchen bewegt,
guckt man schon 'rüber.
Und wenn er dann losgeht!
Na ja, er hat's eben,
kennt auch sein Ziel.
Und um eins ziehn sie los.
Die Neue quatscht bißchen viel.

Doch im Wagen, im Stadtwald,
legt sich dann
das.
Knopfdruck und Liegesitz,
Radio an.

Und nachher beim Rauchen,
und so gegen vier,
dann spricht er von sich,
und dann sagt er ihr:

Irgendwas mach' ich mal,
irgendwann,
und dann
komm' ich ganz groß,
ganz groß
raus.

Dann, Samstag und Sonntag, fährt er
mit ihr im Coupé
und 'ner ganzen Clique
raus an den See.
Sein Bruder ist anders.
So 'n stiller Typ.
Geht seit zwei Jahren mit einer.
Weil: die haben zu Hause 'nen Betrieb.
Macht Abendschule.
Auf Ingenieur, für die.
Überm Bett hat er 'n Foto
von Kennedy.
«Mann», sagt der manchmal,

«was willst du denn noch?
Mach doch mal fest,
sieh, bei mir läuft das doch.»
Na schön. Aber darauf
steht er nun mal nicht.
Und er meint was ganz andres,
wenn er im Traum ganz laut spricht:

Irgendwas mach' ich mal,
irgendwann,
und dann
komm' ich ganz groß,
ganz groß
raus.

Das große Kotzen,
Montag früh.
Um 'n Block herum,
und schon riecht er sie:
die große, verdammte,
verfluchte, die
Ernährerin, Fresserin,
Söhne & Companie.
Abdrehen möcht' er.
bloß weg hier und schnell.
Draußen am See
wird es jetzt langsam hell.
Aber irgendwie, weiß er auch,
stimmt da was nicht.
Die quasseln schon wieder
von Feierschicht.

Manchmal denkt er so nach,
aber viel fällt ihm nicht ein.
Und er drückt seine Karte
und möchte laut schrein:

Irgendwas mach' ich mal,
irgendwann,
und dann
komm' ich ganz groß,
ganz groß
raus.   *Degenhardt*

Erschröckliche Moritat vom Kryptokommunisten

Wenn die Sonne, bezeichnenderweise im Osten
und rot, hinter Wolken aufgeht,
das ist seine Zeit, da er flach wie ein Tiger
aus härenem Bette aufsteht.
Er wäscht sich nur ungern und blickt in den Spiegel
mit seinem Mongolengesicht.
Er putzt sich die Zähne mit Branntwein und trinkt einen
Wodka –, mehr frühstückt er nicht.
Huhuuuu . . .
Dann zieht der Kommunist die Unterwanderstiefel an,
und dann geht er an sein illegales Untertagwerk 'ran.

Und dann fletscht er die Zähne, die Hand hält er vor, denn
das darf ja kein Mensch niemals sehn.
Um neun Uhr zehn frißt er das erste Kind, blauäugig,
blond, aus dem Kindergarten.
Um elf brennt die Kirche, es drängen sich hilfsbereit
Feuerwehr, Bürger und Christ.
Derweil diskutiert er mit Schwester Theres', bis die
auch für den Weltfrieden ist.
Der Kommunist ist so geschickt, dagegen kann man nicht!
Und zu Mittag schreibt er gar noch ein politisches Gedicht.
huhuuuu . . .

Er verstellt sich, spricht rheinisch statt sächsisch und infiltriert
meuchlings und nur hinterrücks.
Und wenn du bis heute verschont bliebst, ist das eine
Frage persönlichen Glücks.

Am Nachmittag platzt eine Bombe in Bonn,
aber da hat er sich geirrt!
Weil, wenn einer nur an KZs mitentworfen hat,
daraus kein Staatseklat wird.
Und wer ein Kommunist ist, kriegt man niemals richtig 'raus,
so ein Kryptokommunist sieht immer agitproper aus.
huhuuuu . . .

Zumeist kommunistet er dort in der Hütte,
die gleich hinterm Bahndamm versteckt liegt.
Da übt er sich heimlich in Philosophie,
Analyse sowie Dialektik.
Müd' kommt er nach Hause, er küßt seine Frau und
spielt mit den Kindern Verstecken.
Die Kinder sind auch durch und durch infiziert, denn
sie kennen im Haus alle Ecken.

Dann zieht der Kommunist die Unterwanderstiefel aus,
und dann ruht er sich von seinem schweren Untertagwerk aus.
Dann hört er sich die Platte mit der h-Moll-Messe an,
weil er nicht einmal privat mehr völlig unverstellt sein kann.
Huuh is huuh?   *Süverkrüp*

Viele Männer treten oft den Heimweg sehr betreten an,
genau wie ich.
Ja, ich weiß das, weil ich viele Männer kenne,
wie sie sich ihr Brot verdienen;
wie sie ihre Vorgesetzten fürchten,
sieht man doch an ihren Mienen.
Und sie haben dann kein Saitenspiel zur Hand,
keine Leier;
können nicht der lieben Frau ein Ständchen bringen
und von Minne singen.
Haben sich gestritten, etwa auf der Suche nach Zusammenhängen,
haben Krieg und Frieden, Geld und Geist, Gut und Böse auf den
Kopf gestellt,
haben alles ganz genauestens untersucht und die Welt mit Bier
begossen –,
waren hoch berauscht und sind dann tief gefallen;
Worte, nichts als Worte blieben übrig:
Eine Lösung finden wir ja heute doch nicht mehr,
sagen alle dann am Schluß.
Treten dann betreten ihren Heimweg an,
und nicht nur das, denn sie haben festgestellt:
Jeder hält den eigenen Nabel für den Nabel dieser Welt,
dennoch, jeder geht allein nach Haus,
genau wie ich.
Und wenn ich dann in der Türe stehe, bin ich zwar kein
Troubadour,
habe keine Leier und kein Saitenspiel zur Hand,
doch es singt mir mein Gefühl,
und es sagt mir mein Verstand:

Zwiebelschälende Ophelia,
Hemdenbügelnde in meinem Reich.
Sieh, ich kehr' geschlagen heim.
Nähmaschinentrampelnde Penelope,
Abfalleimerschleppende an meinem Hof,
Graubrotschneidende –
schenke mir dein Lächeln.

Denn ich habe wieder mal erfahren müssen,
daß du immer recht hast.
Ich hab' wieder mal erfahren müssen,
daß du alles besser und im voraus weißt.
Ich hab' wieder mal erfahren müssen,
daß man sich auf niemanden verlassen kann.
Ich hab' wieder mal erfahren müssen,
daß man manches ruhig verpassen kann.

Kragenknöpfesuchende Ophelia,
Blumenordnende in meinem Reich.
Sieh, ich stehe in der Tür.
Kinderstrümpfestopfende Penelope,
Hintertreppenputzende an meinem Hof.
Schularbeitenüberwachende –
bitte mich zu Tisch.

Denn ich habe wieder mal genau erlebt,
wie ich dich vermisse.
Ich hab' wieder mal genau erlebt,
daß du immer mir zur Seite stehen mußt.
Ich hab' wieder mal genau erlebt,
daß du nicht ersetzbar bist.

Ich hab' wieder mal genau erlebt,
daß das Glück mit dir unschätzbar ist.

Kleiderändernde Ophelia,
klügste Frau in meinem Reich.
Setz dich neben mich.
Sehr geduldig wartende Penelope,
einz'ger Mensch an meinem Hof.
Allesahnende –
ich hör dir zu.

Kaffeekochende Ophelia,
Teppichsaugende in meinem Reich.
Du und ich, und ich und du.
Bettenmachende Penelope,
Lichtausknipsende an meinem Hof.
Marketenderin –
komm, wir gehn zur Ruh'.   *Hüsch*

Kirschen auf Sahne

In dem kleinen Café
mit dem Kopfschmerzenlicht
sitzt ein Liebespaar drin,
so als wär's in Paris,
aber da ist es nicht.
In dem kleinen Café
sitzt der zittrige Mann
mit der Narbe am Auge,
das blickt die Verliebten
so freundschaftlich an.
Dieses Auge blieb heil
in fünf Jahren KZ,
sieht am Nebentisch: Sahne
mit Kirschen. Die Dame ist schön, aber fett.
Kirschen auf Sahne –
Blutspur im Schnee.
Eine Mark fünfzig –
sanftes Klischee.
In dem kleinen Café . . .
Kriminalfernsehzeit.
Nur der Wilddieb in Öl
im Barockrahmen starrt
auf die Ewigkeit;
und der alte Mann,
der mal im Widerstand war,
spricht nicht gerne davon.
Pro Tag Auschwitz fünf Mark;
wieviel macht das im Jahr?
Wenn die Liebenden gehn müssen,

grüßen sie matt
zu dem Zittermann hin,
weil er ihnen so aufmerksam
zugeschaut hat.
Manche war'n Juden –
manche war'n rot.
Dreißig Verletzte –
schimmliges Brot.
Und da denkt er:
es hat sich vielleicht doch gelohnt.
Und die Schmerzen komm'n wieder;
er setzt sich nur gerade.
Er ist es gewohnt.
Der Geschenkevertreter
trinkt unentwegt Bier.
Es nistet das Graun
in der Rokokovase
gleich neben der Tür.
Und der zittrige Mann
wird verlegen und geht.
Denn er schämt sich,
weil all' die verdammte
Erinnerung nicht mehr verweht.

Leben ist Leben –
wer hat das nicht?
Zehntausend Tote –
Neon macht Licht.   *Süverkrüp*

Traum von der Solidarität

Ich sitz' im Traume oft vor einer Hütte
und wiege ein Gewehr auf meinen Knien.
Und links und rechts von meiner Hütte,
seh' ich Menschen hin und her marschieren.
Eilig, keine Pause, ostwärts, westwärts –
immerzu. Mal sind die einen schneller, mal die andren,

Junge, Alte, mit einem Bein, mit einem Arm.
Manche schon ohne Kopf, aber vorwärts mit Musik.
Das geht, ist laut, ganz Junge, richtig wissend sehen sie drein.
Sie lassen einem nicht mal Zeit zu fragen, wohin geht's und so?
Das ist Geschichte, sag' ich mir dann halt, das ist Geschichte.
Die ha'm das raus, da gibts keine Fragen, da ist alles klar:

Ich hör' dann immer was von Soziologie.
Ein andrer sagt, daß man den Kindern gegenüber nicht die Hände
in den Schoß . . .
Der dritte singt dann die Ballade von der Solidarität,
nur frag' ich euch, was ist das bloß?

Man kann zusammen diesen Schnaps und jenes Bierchen trinken.
Man kann zusammen zur Beerdigung gehn.
Man kann zusammen sehr von weitem schöne Grüße winken.
Das alles kann man, macht man, doch wenn wir weitersehn.

Wenn es dann losgeht, wenn es, sagen wir, knallt;
wer steht dann hinter dir?
Dreh dich doch um.
Wer steht dann neben dir?

Wenn's gutgeht, zweie oder drei, wenn's hoch kommt, vier –
manchmal nur einer.
Wenn's schiefgeht: Keiner.

Sie haben alle dann mit sich so viel zu tun;
zur rechten Zeit, am rechten Ort das rechte Flugzeug zu besteigen,
und während sie es noch besteigen, sagt schon ein neuer Mann:
Wir bauen eine neue Zukunft. Worauf der Gegner sich verlassen
kann.
Ich sitz' im Traume oft vor einer Hütte
und wiege ein Gewehr auf meinen Knien.
Und sage mir, was du da machst, was du da denkst, das ist nicht
recht.
Wenn alle so was träumen würden –
Ein Trupp kommt auf mich zu und einer ruft: Parole!
Ich sage, Frieden, Freunde.
Sie legen an, zielen, und dann werd' ich wach und stelle fest:
Ich liege ganz gemütlich auf meiner Schlafstatt im fünften Stock,
sozialer Wohnungsbau, der Tag beginnt, die Sonne scheint und
neben mir liegt meine Frau.

Wenn ich am Nachmittag dann mit Bekannten sitze
und erzähl' so meinen Traum,
als Gegenleistung für die neuesten Witze,
fangen alle an zu lachen.
Ich sage, nein, wirklich, ich sitze oft im Traum vor einer Hütte –
ohrenbetäubendes Gelächter –
und wiege ein Gewehr auf meinen Knien, alles lacht, du und ein
Gewehr,
ausgerechnet, alles lacht noch mehr,
nein, nein, sage ich, ein Trupp kommt auf mich zu

– ein Trupp kommt auf ihn zu, hahaha –

ja doch, ich sage, ein Trupp kommt auf mich zu und einer ruft:
Parole!

Sie kriegen sich nicht ein vor Lachen, Parole, ausgerechnet.

Ich sage, Frieden, Freunde, sie legen an und zielen, und dann
werd' ich wach.

Und die Bekannten prusten, feixen, trinken und setzen mir dann
alles auseinander.

Ich hör' dann immer was von Soziologie.

Ein andrer sagt mir, daß man doch den Kindern gegenüber nicht
die Hände in den Schoß . . .

Der dritte singt mir die Ballade von der Solidarität.
Nur frag' ich euch, was ist das bloß?

Gewiß, die Menschen rücken dann schon mal zusammen,
denn alle merken plötzlich, daß sie nur aus Fleisch und Blut.
Sie schwimmen durch ein Meer von Flammen.
Wo bleibt denn da das höhere Gedankengut?

Wenn es soweit ist, wenn es, sagen wir, bergab geht;
wer steht dann hinter dir?
Dreh dich doch um!
Wer steht dann neben dir?
Wenn's gutgeht, zweie oder drei, wenn's hoch kommt, vier –
manchmal nur einer.
Wenn's schiefgeht: Keiner.

Sie haben alle dann mit sich so viel zu tun,
zur rechten Zeit, am rechten Ort zu überleben.
Drum sollte man zur rechten Zeit den Menschen
linke Träume geben.   *Hüsch*

Erste Welt

(schlagwortartig auch
Dritte genannt)

Lied I

Es lebe die Dezemberrevolution Jesu Christi,
und Allen Ginsberg als Familienminister.
Die kubanische Improvisation,
der Stammbaum: alle Menschen sind Geschwister.

Die überkommene Ordnung der befrackten Hohenpriester
mit ihren differenzierten Sprüchen: das ist der Weltenlauf;
bringt Schlächter auf den Thron, verbranntes Fleisch am Ende –
wir kündigen dieser Ordnung den Gehorsam auf.

Es leben die Bratwurstnächte der Nonsensanarchisten,
die arktischen Engel der Utopie,
die Pflichtverweigerer und Preludinartisten,
Franz von Assisi und die Blumenkinder.

Die Tugenden, die sich bis jetzt uns vorgestellt,
sie haben's gut gemeint, doch waren schlecht beraten.
Die Mörder führen sie sogar ins Feld,
und Mörder führen wiederum Soldaten.

Es lebe der Aufstand der Ewiggeduldigen,
die Spiralengesänge der Hoffnung und des Neins.
In wenigen Jahren sterben die Schuldigen,
und leben wird der Mensch Nummer eins.   *Hüsch*

Hier sind die deutschen Rundfunksender:

«Swetlana Stalin wünscht sich nicht nur einen Jet nach Amerika, sondern auch etwas Zoff.

Sie wünscht sich von Degenhardt das Lied von Horsti Schmandhoff.»

«Moment – was hat die Tochter von Stalin mit Horsti Schmandhoff zu tun?»

«Genausoviel wie ein Fähnleinführer mit Entwicklungshilfe.»

«Aber Swetlana ist doch republikflüchtig?»

«Schmandhoff auch.»

«Aber, der will doch keine Millionen verdienen, sondern welche reinstecken?»

«Dieser Mann hat keinerlei Ahnung von Entwicklungshilfe.»

«Entschuldige: Ich bin ein Protagonist des Schwarzen Humors.»

«Ich kenne Neger, die würden sich totlachen, wenn Stalins Tochter im Rahmen der Aktion Sühnezeichen zum Kaiser Haile Selassie käme.»

«Der war ja gerade in Moskau und wurde mit vierundzwanzig Salutschüssen empfangen.»

«Mensch, dann hau doch ab nach Brazzaville, wo die Kubaner sitzen.»

«Typisch: ich war in der Hitlerjugend, ich weiß, wie und was man entwickeln kann, wenn man gutmütig ist auf der christlichen Basis und den Menschen eine Chance gibt – und sich selbst.»

«Das nenne ich missionarischen Geifer. Du gehörst nach Rhodesien, als bayrische Sumpf-Blüte.»

«Und du gehörst hier, gleich um die Ecke, in die Bergwerke nach Angola.»

«Merke: Horsti Schmandhoff ist ein Symbol für das heutige Deutschland und ein Flaschenpfand für unsere Friedensliebe, vor der man übrigens die Sowjetunion schützen müßte, trotz Vorbehalte.»

«Ich ahne, wer einmal ein Fähnlein geführt hat, führt heute eine Fahne.»   *Neuss*

Horsti Schmandhoff

Ihr, die Kumpanen aus demselben Viertel voller Ruß,
aus gleichen grauen Reihenhäusern und aus gleichem Guß,
mit gleicher Gier nach hellen Häusern, Rasen, Chrom und Kies,
nach schlanken Frauen, Kachelbad – Kumpanen, die ihr dies
fast alle heute habt und nur noch ungern rückwärts seht –,
wenn ihr euch trefft, per Zufall, irgendwo zusammensteht,
von neuen Dingen sprecht und über alte Witze lacht,
und einer von euch fragt: «Wer weiß, was Horsti Schmandhoff
macht?» –
Kumpanen, dann, dann fällt euch ein:
Ihr wolltet mal genau wie Horsti Schmandhoff sein.

Im passenden Kostüm der Zeit, stets aus dem Ei gepellt,
hat er mit knappen Gesten eure Träume dargestellt:
der Sohn einer Serviererin, der Horsti, schmal und blond,
mit jenem Zug zum Höheren um Nase, Kinn und Mund,
am Tag, als er ins Viertel kam und abends vor der Tür
in Lederhose, weißem Hemd auf dem Schifferklavier
sein Stückchen spielte, «Bergmannsglück», und beim «Glückauf
tara»
die Locke aus der Stirne warf und in den Himmel sah –
schon da, Kumpanen, fällt's euch ein? –,
da wolltet ihr genau wie Horsti Schmandhoff sein.

Auch als er dann als Fähnleinführer, Hand mit Siegelring
am Fahrtenmesser, das ganz los' als Ehrendolch da hing,
in Halbschuhn, weißen Söckchen und mit kurzem Tänzeltritt
und Wackelhintern neben seinem Fähnlein einherschritt
und bald darauf in Uniform auf Sonderurlaub kam,

das Panzerkäppi schiefgesetzt, das Ekazwo abnahm,
es zeigte und erzählte, wie er kurz vor Stalingrad
12 Stalinorgeln, 50 Iwans plattgefahren hat –
Kumpanen, da, gesteht euch ein,
da wolltet ihr genau wie Horsti Schmandhoff sein.

Und wie er dann im Khakizeug, den Gummi quer im Mund,
mit Bürstenschnitt als Küchenhelfer, rosig, dick und rund
bei Stratmanns an der Ecke stand und an 'ner Lucky sog,
euch «Hello, Boys» begrüßte, schleppend durch das Viertel zog,
und dann im schweren Ledermantel an 'nem Tresen stand,
Hut im Nacken, Halstuch lose, Bierchen in der Hand,

erzählte, wie er 42, kurz vor Stalingrad,
den Drecksack General Paulus in den Arsch getreten hat –
Kumpanen, da, gesteht euch ein,
da wolltet ihr genau wie Horsti Schmandhoff sein.

Auch als er später dann statt Bier nur Möselchen noch trank,
den grünchangierten Anzug trug, mit weichem Kreppsohlgang
geschmeidig ins Lokal 'reinkam, am kleinen Finger schwang
der Wagenschlüssel, wenn er dann sein «hay Barbary ba» sang,
schließlich im offnen Jaguar mit Mütze, Pfeife, Schal,
ein Mädchen auf dem Nebensitz, sehr blond und braun und
schmal,
im Schrittempo durchs Viertel glitt, genau vor Stratmanns Haus
mal eben bißchen Gas zugab, der rechte Arm hing 'raus –
Kumpanen, da, gesteht euch ein,
da wolltet ihr genau wie Horsti Schmandhoff sein.

Doch dann verschwand er, niemand wußte, wo er war und blieb,
bis eine Illustrierte über Ukalula schrieb.
Dort, hieß es, lebte hochgeehrt ein Weißer, und der wär,
ein Häuptling und des Präsidenten einz'ger Ratgeber.
Da stand im Leopardenfell, den Schwanzquast an der Hand,
die Fäuste in die Hüften gestemmt, und um die Stirn ein Band,
inmitten dreißig Weibern, alle nackt und schwarz und prall,
ein fetter Horsti Schmandhoff, und der lächelte brutal –
Kumpanen, da, gesteht euch ein,
da wolltet ihr nochmal wie Horsti Schmandhoff sein.

Degenhardt

Der lachende Mann aus dem Kongo tut uns genügen,
der sagt doch ganz deutlich: «Nach Vietnam? Mit Vergnügen.»

Was die Freie Universität mit Recht und Fug
für Hanoi tut, ist nicht genug.

Ich will hier niemand kränken,
aber wir sollten ernstlich erwägen, dem Ho Chi Minh
eine Wasserstoffbombe zu schenken.

Paßt mal auf, all ihr dicken und ihr
spacken Ledernacken!
Wir ziehen sofort nach Karlsruhe,
um den Atomreaktor zu knacken.
Falls dort noch mehrere Bomben liegen,
lassen wir gleich noch eine auf Pretoria fliegen.

Die Bundesrepublik auf der Seite der Unterdrückten?
Das rechtfertigt die Große Koalition.
Das wären Taten.
Das wär' ein Alptraum für die
UdSSR und die Vereinigten Staaten.

Da hätte auch die DDR Schaum vorm Mund,
denn das wären erfüllte linke Träume,
da käme der Stalinismus nebenan auf den Hund.
Es gibt keinen linken und keinen rechten Himmel,
es gibt nur Bäume, die wachsen,
und was Ulbricht am Kinn hat, hat Barzel auf den Zähnen –
dies Sprichwort stammt aus dem Königreich Sachsen.

Genug mit den linken Faxen,
wir wollen keine Revolution,
wir wollen nur witzeln.
Also höchstens eine originelle Art,
die heile Welt zu kitzeln.
(Nach dem Besuch des neuesten Stachelschwein-Programms.)

Neuss

Leere Felder

Weit hinterm Heer
zogen ein paar,
und deren Land
war abgebrannt.
Und sie aßen, was Soldaten
in den Dreck geworfen hatten,
und sie flohen vor den Ratten,
die die Pest im Balge hatten.
Ein ganzes Jahr, vielleicht auch mehr,
standen so manche Felder leer.

Dann vor dem Heer
zogen schon mehr,
und auch viel Land war abgebrannt.
Und sie aßen Dreck und Ratten,
ebenso wie die Soldaten,
und sie flohen vor den Soldaten
und vor Fliegern und Granaten.
Ein ganzes Jahr, vielleicht auch mehr,
standen sehr viele Felder leer.

Überall Heer,
das ganze Land,
bis nach Hanoi,
ist abgebrannt.
Sind vergiftet Dreck und Ratten.
Niemand flieht mehr vor Granaten.
Und erschlagen wie die Ratten
werden alle Ledernacken.
Einhundert Jahr, vielleicht auch mehr,
stehn überall die Felder leer.   *Degenhardt*

Wenn man den Aktienbesitz der US Steel Corp., Metro-
politan-Lebensversicherung, Telephon and Telegraph, General Motors, Standard-Oil-Company zusammennimmt,
machen sie nur ein Drittel des militärischen Aktienbesitzes
in den USA aus. Das Verteidigungsministerium beschäftigt
dreimal so viele Arbeitskräfte wie diese Weltfirmen zusammen. Die Milliarden der Militäraufträge werden vom Pentagon vergeben und von der Großindustrie ausgeführt.
Um 1960 gab man in Amerika bereits 21 Milliarden Dollar für militärische Zwecke aus. Siebeneinhalb Milliarden
Dollar wurden unter zehn Aktiengesellschaften aufgeteilt.
Insgesamt 1400 Armeeoffiziere – darunter 261 Generale
und Admirale – sitzen in den Aufsichtsräten eben dieser
Aktiengesellschaften. Diese Machtkonzentration zwingt
Pentagon und Industrie, den Rüstungswettlauf um seiner
selbst willen zu betreiben.   *Bertrand Russell*

Wirtschaftsbericht bei der
Nirgendwer AG im Nirgendwoland

Meine Herren, ohne Zweifel
hat die Industrie
ein vitales Interesse
daran, daß sich die
Arbeitslosigkeit in Grenzen
hält.

Demzufolge, meine Herren,
hat die Industrie
ein vitales Interesse

77

daran, daß sich die
Waffen, die sie produziert,
von Zeit zu Zeit verschleißen.

Drittens aber, meine Herren,
muß die Industrie,
um im harten Konkurrenzkampf
zu bestehen, die
Waffen immer besser machen,
und dazu braucht sie:
einen kleinen Kriegsschauplatz, wo man
den ganzen Kram
in Ruhe
ausprobieren kann.   *Süverkrüp*

Hier spricht Radio Unilever:
Man nehme ein gerütteltes Maß Napalm –
verestere es mit Glyzerin,
und man erhält eine schmackhafte und bekömmliche
Margarine: Palmin.   *Pluto*

Rein Technisches

Täglich starten vom Inselflugplatz
einige hundert Bomber, beladen
mit Giftgas und Napalm.

Denn das Land Vietnam ist verseucht,
die Menschen dort sind befallen
vom grenzenlosen Zorn
gegen ihre Unterdrücker.

Der strategische Aufwand ist beträchtlich.
Der Kommandeur äußert sich befriedigt
über den reibungslosen Ablauf
des Völkermords.   *Süverkrüp*

Viele sagen,
unser Land sei geteilt.
Jeder weiß,
unser Präsident ist kürzlich durch Thailand geeilt.
Bumipol und Sirikit
geben jeder B 52
ihr süßes Lächeln mit.   *Neuss*

Wir bringen jetzt zur allgemeinen Dämpfung:

Partisanenbekämpfung

Er hieß Da-Min-Shu,
war so jung wie du.
Sohn eines Bauern in Südvietnam.
Hatte nie genug zu essen.
Gestern hat man ihn vergessen.
Und zwei grinsende Ledernackenfressen
schaun dich aus der Morgenzeitung an.

Früh um viere
sang der Knabe,
weil da auch ein Vogel sang,
sang so froh und deshalb wurden
sie entdeckt. Das Militär
hat ein Ohr für solchen Klang.

Um halb neune
lagen sie, schön
aufgereiht im Sonnenschein,
weidgerecht und
glatt erlegt. Es
sollt' auch noch in diesem Krieg
eine kleine Ordnung sein.

Er hieß Da-Min-Shu,
war so jung wie du,
Sohn eines Bauern in Südvietnam.

Hatte nie genug zu essen.
Gestern hat man ihn vergessen.
Und zwei grinsende Ledernackenfressen
schaun dich aus der Morgenzeitung an.   *Süverkrüp*

Aus dem Aufruf des Nobelpreisträgers Bertrand Russell
an das amerikanische Volk:
«. . . So schrieb die New York Times am 12. 2. 1960 wört-
lich: ‹Indochina ist einen langen Krieg wert. Im Norden
gibt es ausführbares Zinn, Wolfram, Manganerze, Kohle,
Holz und Reis. Ferner Gummi, Pfeffer, Tee und Felle.
Schon vor dem zweiten Weltkrieg warf Indochina jährlich
zirka 300 Millionen Dollar Dividende ab.›»

Eiserne
Dreiecksverhältnisse von gestern,
nun gerade

Western-Ballade

Jimmy Gray bekam im vergangenen Jahr
einen roten Kopf wegen der Marie.
Daran sahn die Nachbarn, wie verliebt er war.
Und er hatte einen Job bei der Erdöl-Company.

Jimmy Gray bekam am Tag darauf
einen Brief von der Armee,
und er mußte nach Vancouver rauf –
und im Urlaub fiel zu Hause Schnee.

Jimmy Gray bekam einen Extra-Sold,
und er mußte nach Vietnam.
Und die Sonne war blank wie ein Dollar aus Gold,
als das Schiff in den Hafen schwamm.

Jimmy Gray bekam eine Woche drauf
einen Bombensplitter in den Bauch.
Und er lag und schrie, und er hörte nicht auf.
Und den Sergeant störte das auch.

Erst als es Tag geworden war,
und als Jimmy Gray nicht mehr schrie,
und sein Röcheln auch nicht mehr zu hören war,
kamen zwei Sanitäter von der Kompanie.

Und sie nahmen ihm das Soldbuch ab,
und sie trugen ihn ins Tal
und spendierten ihm ein sehr solides Heldengrab.
Ein ganz alltäglicher Fall.   *Süverkrüp*

Fiesta Peruana

Da hocken sie auf Kirchenstufen:
Bauern ohne Land,
Hirten ohne Herden, tausendmal verbrannt.
Ihre Frauen tragen Kinder
auf dem Rücken und im Leib.
Hüte, bunte Lumpen,
Zöpfe, Mann und Weib.
Fiesta Peruana.

Da hocken sie auf Kirchenstufen,
Köpfe zwischen Knien,
wissen, warum Geier
über ihnen ziehn.
Das ist alles, was sie wissen,
tausendmal verbrannt,
träumen nicht einmal von
einem andern Land.
Fiesta Peruana.

Da hocken sie auf Kirchenstufen,
murmeln Litanein,
die sie nicht verstehen,
atmen Weihrauch ein.
Und das Zeichen Fidel Castros
an der Häuserwand
schreibt, sagen die Priester,
Satans Klauenhand.
Fiesta Peruana.

Da hocken sie auf Kirchenstufen,
und von Mund zu Mund
gehn die Fuselflaschen.
Priester lauern, und
dann rollen sie von Kirchenstufen:
Bauern ohne Land,
Hirten ohne Herden,
tausendmal verbrannt.
Fiesta Peruana.

Aber einmal stehen sie auf Kirchenstufen,
Gewehre in der Hand,
nehmen sich die Herden,
nehmen sich ihr Land.
Vertreiben alle Priester,
Hacendados aus dem Land,
schreiben unser Zeichen
frei an jede Wand.
FIESTA PERUANA!
Degenhardt

Der Stand des Verfahrens

Eingereicht ist die Klage,
rechtshängig ist der Streit.
Die prozessuale Lage
zeigt keine Besonderheit.
Das Verfahren ist nicht verletzt
– es wird zwar noch geschossen –,
die Vollstreckung nicht ausgesetzt.

Die auf der Klägerseite
begründen den Anspruch nicht schlecht.
Und es sind stolze Leute,
die wollen kein Armenrecht.
Und sie haben die Gebühren gezahlt
– nicht nur in Dollarnoten.
Auf Schadenersatz wird geklagt.
Und sie haben Beweis angeboten.

Es sollen vernommen werden
Bauern ohne Land,
Hirten ohne Herden,
Kinder, halbverbrannt.
Bereit sind Parteien und Gericht,
diesen Prozeß zu führen.
Nur Anwälte gibt es hier nicht,
die für den Kläger plädieren.

Das ist der Stand des Verfahrens.   *Degenhardt*

Die Mächtigen
und die Ohnmächtigen

Reihenfolge

Zuerst kommen die,
die Dich umhegen und pflegen, Dich sauberhalten,
Dich baden und ölen,
ein Nest bauen.
Dich ermuntern zu sprechen, Dir Schritte beibringen.
Dich größer und größer ziehn,
Dich in Kleider wickeln und für Dich einen Namen suchen.

Dann kommen die,
die Dich begaffen, beschnüffeln, betasten und tätscheln.
Rasseln und Glöckchen mitbringen,
Spiegel und goldene Löffel,
Dreirad, Schwammdose, Tafel und Ranzen.
Dich tagelang drehen und wenden,
damit Du der Feinste bist.

Dann kommen die,
die Dich mustern und schätzen, Dich loben und tadeln,
Setzen und Aufstehn,
Dich bilden, damit Du zum höheren Wesen hinaufwächst.
Mit Stöckchen auf Deine Finger schlagen,
auf daß Du Charakter und Rückgrat Dir anschaffst.

Dann kommen die,
die Dir Berge und Flüsse zeigen,
eingerichtete Häuser, Silbergruben und Aufsichtsräte.

Dann kommen die,
die Dich anwerben für eine Sache,

für die man durchs Feuer gehn sollte –
am besten ist es natürlich, wenn andre durchs Feuer gehn.
Drum sagen sie Dir, daß das Feuer auch nur vorübergehend,
und danach der Himmel wieder erscheinen würde.

Dann kommen die,
die Dir die Kleider vom Leibe ziehn
und Dich in Rüstungen stecken,
damit Du gegebenenfalls Deiner Haut Dich zu wehren weißt.

Dann kommen die,
die Dich segnen und preisen,
weil von Berufs wegen das so üblich,
und dadurch die Kampfkraft erheblich wächst.

Dann kommen die,
die Dich mit Napalm verbrennen und allerlei schon bewährten
Vernichtungsmaschinen.
Die Dir beweisen, daß das sehr schnell geht
und darum human ist.

Dann kommen die,
die Dich zahlenmäßig erfassen
und es nicht fassen können.

Es sind dieselben,
die Dich umhegten und pflegten
und für Dich einen Namen suchten.
Die Dir Spiegel und goldene Löffel brachten,
die Dir Charakter und Rückgrat einbliesen,
Dich sauberhielten.

Dir Berge und Flüsse zeigten
und von einer heiligen Sache sprachen.
Und nun schon wieder dabei sind,
andere sauberzuhalten,
um keinen Schweinestall aus dieser Erde zu machen,
denn so sauber wie ihre frömmelnden Finger
sind ihre glühenden Öfen und Bomben.
So sauber wie ihre Gesinnung
sind ihre Zähne,
die sie in Menschen schlagen –
in roher Gesundheit.
So schnell, wie sie alles sauberhalten,
ist auch Dein Tod.

Damit nicht Fliegen und Geier die Gegend bevölkern,
schicken die sauberen Herren das schmutzige Volk unter die Erde.

Wann schickt das schmutzige Volk die sauberen Herren
in ihren mit allen Wassern gewaschenen Himmel?   *Hüsch*

Nachtgebet eines Untertanen

Wir danken Dir, HErr Bonn,
im Namen von Sitte und Anstand
für dies Gesetz.
Wir danken Dir, HErr Bonn,
daß Du uns gnädig zurückführtest in die Völkergemeinschaft
der urgemütlichen Polizeistaaten –
durch Dein Gesetz.
Wir danken Dir, HErr Bonn,
daß wir nunmehr werden bewahrt sein vor allerlei widriger
Unbill:
Sturmflut, Gewitter,
Pest und Studenten und
anderem Höllenkram.
Vor Lustseuch', Lohnkampf
und dergleichen Notständ',
vor übermäßigem Regen, vor Schluckauf, sowie
vor der IG Metall.

Herrlich preisen wir Deinen Namen,
HErr Bonn.
Etwas Großes wird kommen
durch dies Gesetz.
Fröhlich woll'n wir erfüllen dereinst Deine heilige Zivilpflicht
in der Fabrik
für dümmliches Kleingeld,
mit grollendem Magen,
den Tod im Genick.
Espedemütig treten wir vor Dein Angesicht, HErr Bonn,
und jubeln Dir zu.

Dankbar wollen wir uns bei verbotenen Streiks zerknüppeln
lassen, zusammenschießen,
denn wir wissen, wieviel Unsicherheiten
eine freiheitliche Ordnung mit sich bringt,
für Dich, HErr Bonn.
Aufruhr und Umtrieb, demokratischer Eifer
und andre neumodische Wahngebild',
z. B. die dreiste Hoffnung der Menschen auf Frieden,
ihre unerklärliche Sehnsucht nach besserem Leben,
die doch nur ein Schädling ist an den Profiten
der Erwählten Deiner Gnade . . .
all das wirst Du, Allmächtiger HErr Bonn,
jetzt eisern in den Griff bekommen können,
in den Polizeigriff,
in den Übergriff.
Wir danken Dir, wie gesagt, HErr Bonn, für dies Gesetz:
im Namen von Sitte und Anstand
im Namen der Industrie
im Namen der alten und neuen Nazis
im Namen der tatendurstigen Polizeioffiziere
im Namen der Bundeswehr
im Namen der deutschen Misere
im Namen des deutschen Ritterordens
im Namen des Thielen von Thadden
im Namen des Alleinvertretungsanspruchs
im Namen einer freien Abwicklung unternehmerischer Initiative
im Namen der Ausbeutung
im Namen der gesamten Industrie
danken wir Dir, HErr Bonn,
für dies Gesetz
und verbleiben

– natürlich nur, soweit wir überleben werden –
bis zur nächsten Katastrophe
Deine Dir stets treu ergebenen,
allezeit arglosen
deutschen Untertanen.

Lasset uns singen!
Lobet den HErrn und die neuen Gesetze zum Notstand,
Friede der Asche der Freiheit, die hiermit den Tod fand!
Demokratie,
hihihihi hihihi,
opfern wir fröhlich dem Brotrand.

Aber jetzt mal im Ernst:
Zwanzig Jahre danach,
wenn der Geruch von Asche und schwelenden Balken
noch immer nicht ganz aus unseren Städten gewichen ist,
wenn die jungen Bäume auf den Schlachtfeldern
und in der Gegend von Auschwitz
so schnell nicht erwachsen werden konnten,
da soll dieses Deutschland,
jahrhundertelang frustriert,
niedergefahren zur Hölle,
nach tausend Jahren wieder auferstanden,
aufgeblasen bis an die Grenzen von 37,
ein solches Gesetz machen
und damit nicht den ersten Schritt tun,
den alten, unsagbaren Schaden von neuem anzurichten?
Ich glaub's nicht.
Amen.

PS.
Man sollte die Herren der zwei großen Parteien
aus ihrer Kloalition rausholen,
man sollte denen die Hosen ausziehn
und ihnen die Notstandsgesäße versohlen.   *Süverkrüp*

Die Mächtigen

Die Mächtigen, sie sitzen in ihren Sesseln und reden. Die Ohnmächtigen, sie sitzen auf ihren Stühlen und hören zu. Die Mächtigen gestikulieren, lassen Rauchzeug und Tee herumreichen, sie sind großzügig, erheben sich, schauen lächelnd zum Fenster hinaus, drehen sich hin und her.

Und bitten geradezu, doch auch mal die Dinge von ihrer Seite aus zu betrachten, sie sagen sehr oft: Gewiß, gewiß ist es wichtig, wenn Sie mir sagen

Gewiß gibt es da Unterschiede, die wir

So sagen die Mächtigen, sie sind voller Freundlichkeit, zitieren Gott und die halbe Welt, und je leichter sie durch den Raum schweben, desto härter spüren die Ohnmächtigen den Fußtritt.

Ich habe neulich noch mit Dr. X gesprochen, den Sie ja auch kennen, was meinen Sie, was der mir sagte, genau dasselbe, was Sie mir jetzt sagen, aber

Die Mächtigen bemühen sich um die Ohnmächtigen, sie sagen es ganz offen.

Sie glauben ja gar nicht, wie mir die Hände gebunden sind.

Die Ohnmächtigen sitzen auf ihren Stühlen und hören zu.

Mein Gott, sagen die Mächtigen, manchmal wünsche ich mir wirklich, ich säße an Ihrer Stelle, das können Sie mir glauben. So einfach ist das nun alles wieder nicht, wie Sie sich das vorstellen, die Menschen unter einen Hut zu bringen.

Ich meine, das ginge ja noch, aber unter welchen Hut, unter meinen?

Nein, nein, so einfach ist das nicht, mein Lieber. Und Ziele? Ja, mein lieber Mann, früher, aber, sehn Sie, jetzt, wir müssen alle da durch, durch dieses Jammertal, zum Wohl!

Die Mächtigen, sie sitzen in ihren Sesseln und prosten den Ohnmächtigen zu und argumentieren und dokumentieren und interpretieren und realisieren und verteilen die Brotkörbe.

Immer mit Taktik und Weitsicht.

Richtig weise und reif sind sie, wie sie in ihren Sesseln sitzen und letzte Erkenntnisse formulieren: Wir sind doch alle aufeinander angewiesen, also seien Sie bitte so gut und sehen das ein.

Die Ohnmächtigen müssen sich beugen,
doch die Mächtigen können sie nicht überzeugen.
Nicht mehr,
denn ihre Reden, nichtssagend-konstruktiv, sind leer.
Sie können uns nicht überzeugen,
und wenn sie das spüren,
werden sie ihre Macht verlieren.   *Hüsch*

Solange die UdSSR
die DDR
ausgebeutet hat,
ist letztere immer reicher geworden.
Solange die UdSSR
uns gedroht hat,
sind unsere Häuser immer höher geworden.
Und nu?

Heute abend, lustiges Erlebnis, heute abend
Staatsbegräbnis.

Doch ein gutes Haar möchten wir an der Bundesrepublik lassen.
Da freut sich auch die Maus und auch die Katze
– allerdings, ein gutes Haar sieht nicht aus auf einer Glatze.
Mach die Schnauze zu, es zieht,
unser Mekong-Delta ist das Ruhrgebiet.

Du meine Güte,
Verluste wer'n verstaatlicht,
nicht Profite.

Strauß und Schiller? Kumpelkiller.
Festgemauert in der Unterwelt,
wird der Arbeiter um seinen Lohn geprellt.
Wer zahlt jetzt den Sonntagsbraten?
Wer zahlt jetzt die Autoraten?
Wer zahlt's Studium für den Jüngsten?
Bald ist Pfingsten!

Thyssen, Industrie-Magnat,
bittet auch um Rat.
Doch Vorsicht: Die SPIEGEL-Redaktion
wird epileptisch, spricht man von Repression.   *Neuss*

Wenn der Senator erzählt

Ja, wenn der Senator erzählt,
der, dem das ganze Wackelsteiner Ländchen gehört
und alles, was darauf steht.
Wie der angefangen hat:
Sohn eines Tischlers,
der war mit 40 schon Invalide,
alle Finger der rechten Hand unter der Kreissäge.
Mit fünf Jahren schon ist der Senator jeden Tag
von Wackelrode nach Hohentalholzheim gelaufen,
zwölf Kilometer hin
und zwölf Kilometer zurück.
Und warum?
Weil in Wackelrode ein Liter Milch zweieinhalb Pfennig
gekostet hat,
in Hohentalholzheim aber nur zwei Pfennig,
und diesen halben Pfennig durfte der Bub behalten.
Das hat er auch getan, zehn Jahre lang –
von Wackelrode
nach Hohentalholzheim,
von Hohentalholzheim
nach Wackelrode.
Und nach zehn Jahren, da hat sich der Senator gesagt:
«So.» Hat das ganze Geld genommen
und das erste Hüttenwerk
auf das Wackelsteiner Ländchen gestellt.
Ja, wenn der Senator erzählt.

Dann 14/18, der Krieg.
Und hinterher, da hat sich der Senator gesagt:

«So, der Krieg ist verloren,
was ist dabei rausgekommen?
Gar nichts.»
Und dann hat er sein Geld genommen
und hat Grundstücke gekauft.
Hier eins, da eins.
Und dann kam die Arbeitslosenzeit, dann Adolf.
Ja, und 34, da gehörte ihm praktisch schon
das ganze Wackelsteiner Ländchen.
Und dann hat er noch ein Hüttenwerk
auf das Wackelsteiner Ländchen gestellt.
Das waren dann schon zwei,
das alte Wackelsteiner Hüttenwerk
und das neue Wackelsteiner Hüttenwerk.
Und mitten im Krieg, in schwerer Zeit,
hat er noch ein Hüttenwerk
auf das Wackelsteiner Ländchen gestellt.
Ja, wenn der Senator erzählt.

Und dann 45, ausgebombt, demontiert.
Da hat sich der Senator gesagt:
«So, der Krieg ist verloren.
Was ist dabei rausgekommen?
Gar nichts.»
Und er war froh,
daß er wenigstens noch sein Wackelsteiner Ländchen hatte
und seine treuen Bauern;
hier einen Schinken, dort einen Liter Milch.
Und so konnte man ganz langsam wieder anfangen.
Aber dann 48, Währungsreform.
Da stand der Senator

wie jeder von uns da, mit 40 Mark auf der Hand.
Und was hat er damit gemacht?
Etwa ein viertes Hüttenwerk
auf das Wackelsteiner Ländchen gestellt?
Nein. Er hat's auf den Kopf gehauen
in einer Nacht.
Und als er dann morgens auf der Straße stand,
neblig war's und kalt,
da mußte der Senator plötzlich so richtig lachen.
Er hatte eine gute Idee:
«Wie wäre es», sagte sich der Senator,
«wenn man aus dem Wackelsteiner Ländchen
ein Ferienparadies machen würde?»
Gesagt, getan.

Verkehrsminister angerufen – alter Kumpel aus schwerer Zeit.
Ja, und dann ist aus dem Wackelsteiner Ländchen
das Wackelsteiner Ländchen geworden,
wie es jedermann heute kennt. Und dann
hat der Senator noch ein Hüttenwerk
auf das Wackelsteiner Ländchen gestellt.
Ja, wenn der Senator erzählt.

Aber dann wird er traurig, der Senator.
«Und wissen Sie was», sagt er,
«die waren damals doch glücklicher,
die Leute.
Wie ich angefangen habe:
Sohn eines Tischlers,
der war mit 40 schon Invalide,
alle Finger der rechten Hand unter der Kreissäge.
Mit fünf Jahren schon bin ich jeden Tag
von Wackelrode nach Hohentalholzheim gelaufen,
zwölf Kilometer hin
und zwölf Kilometer zurück.
Und warum?»
Ja, wenn der Senator erzählt.   *Degenhardt*

Die Nirumand-Verketzerung durch den SPIEGEL
zeugt vom Schielen nach dem vergreisten Illustrierten-Siegel.
Detlev Becker, der Guttenberg im SPIEGEL, hinterhältig kühn,
will das BILD am MONTAG Magazin.   *Neuss*

In dieser Saison

In dieser Saison
soll es wieder so ruhig und beständig bleiben
wie in den letzten Dekaden.
Und darum wollen sie jetzt die Schlagstöcke
für Polizisten elektrisch laden.

In dieser Saison
beginnt auch die erste KZ-Lager-
Bauperiode.
Doch es wird nicht gebaut nach den Lübkeplänen,
sondern nach der neuen Ganzheitsmethode.

In dieser Saison
wollen wir deshalb die schöneren Töne
in der Gitarre lassen
und wollen, wie's Maître Villon und sein Erbe – der Neuss –
uns befehlen, ein paar Schmählieder blasen.

Warum auch nicht?
Denn Spaß muß sein,
und Springer lebt,
und alle, alle
sind nett zueinander.

Warum auch nicht?
Denn Spaß muß sein.

In dieser Saison
nimmt der Schah mit seiner Gemahlin auf dem Marktplatz
von Teheran in der Wanne aus Glas ein Bad,
damit das persische Volk auch sieht,
daß er nichts zu verbergen hat.

In dieser Saison
wird ein Anführungszeichen vor DDR den Sowjets
zum Tausch angeboten
gegen Hindenburg, die deutscheste Stadt,
und noch ein paar andere Stücke von Polen.

In dieser Saison
sollen noch mehr Hotels und KZs aus
klassischer griechischer Erde sprießen,
damit die Studienräte für Griechisch und Turnen
auf der Akropolis Beethovens Fünfte besser genießen.

Warum auch nicht?
Denn Spaß muß sein,
und Springer lebt,
und alle, alle
sind nett zueinander.
Warum auch nicht?
Denn Spaß muß sein.

In dieser Saison
will der Heilige Vater zwar wieder nicht die
Mordgenerale in Vietnam exkommunizieren,
doch er will für den Frieden in aller Welt
ein Pontifikalamt zelebrieren.

In dieser Saison
soll auf Antrag amerikanischer Frauentierschutzverbände was
gegen die Farbigenplage unternommen werden,
weil auch die Ratten ein Recht zu leben hätten
auf dieser Erde.

In dieser Saison
beschließt der Senat, daß bestraft wird, wer
Teufel an Wände malt oder schreibt,
und daß Teufel selbst bis zum Wiedervereinigungstage
unter Polizeiaufsicht bleibt.

Warum auch nicht?
denn Spaß muß sein,
und Springer lebt,
und alle, alle
sind nett zueinander.
Warum auch nicht?
Denn Spaß muß sein.

In dieser Saison
sind die Mörder mit einem Mal ratlos
geworden.
Es klappt nicht so recht, das Bombengeschäft
mit dem Morden.

In dieser Saison
wird von der Bildzeitung die Preisfrage
des Jahres gestellt.
Ob vor dem Osterfest noch auf Hanoi
die Atombombe fällt?

Warum auch nicht?
Denn Spaß muß sein,
und Springer lebt,
und alle, alle
sind nett zueinander.
Warum auch nicht?
Denn Spaß muß sein.   *Degenhardt*

Und das deutsche Volk pflegt sich

Und schon steht der deutsche Spießer wieder auf dem Sprung.
Hält seinen Vormund leicht geöffnet,
zu schlucken, was da fault.
Schon laufen alt und jung und Christ
und kleiner Mann in seine Arme,
und alles fängt von vorne an.
Die national-soziale Lederhosenreaktion,
ihr blutig Beil noch unterm Bett,
sie fordert schon, im altbekannten Ton,
für Deutschland ein gesundes Nationalkorsett.   *Hüsch*

Macht euch nichts vor

Macht euch nicht vor,
Kumpanen, Sangesbrüder:
die Polizisten regeln den Verkehr
beim Ostermarsch.
Soldaten summen unser Lied.
Die Nonnen winken uns
verstohlen zu.
Im ersten Glied
marschieren Priester mit.
Macht euch nichts vor,
auch ihr nicht, ihr Genossen
von der E-Kultur:
Kommilitonen kichern, klopfen laut
im überfüllten Audi-Max,
wenn jener mit dem Schnorres
grollt und seinen Willy preist.
Und die Gemüsehändler
lachen sich ins Fäustchen,
wenn Blindenschrift-Enträtsler
zornig die Bananenrepublik ausrufen.
Macht euch nichts vor.
Uns haben sie
ins Narrengatter abgedrängt.
Was tun?
Die Kladden unsrer roten Brüder
geben keinen Rat.
Nichts liegt mehr auf der Straße,
und Transparente, mehr noch die Gewehre
sehen komisch aus in Händen,

welche Mittelklassewagen steuern.
Ich, ich han min Lehen
und kann nichts weiter tun, als
sie mit Spott, Kübeln voll Spott und Hohn
zu übergießen,
sie bloßzustellen,
preiszugeben dem Gelächter
der Konsumgenossen.
Ich werde ihren schlechten Ruf verbreiten.
Dies ist mein Ziel:
Die Kinder unsrer Kinder
sollen es nicht fassen können,
daß Väter ihrer Väter
die Lehrsätze von abartigen
Zwergschullehrern glaubten,
die gute Art zu leben

von hochgekommnen kleinen Spießern
übernahmen,
und daß sie ihre Kinder
in den Weißen Sonntag schickten,
als eine Sendeminute entfernt
Eliteeinheiten
ein kleines Land
einfach
verbrannten.   *Degenhardt*

Ich versteh's nicht,
kein Mensch regt sich.
Und das deutsche Volk pflegt sich.

Die Herren sagen: Randerscheinung.
Und viele sind sogar der Meinung,
daß man nun diese neodemokratische Farbe
doch endlich wieder ganz genau unter Kontrolle habe.
Puritanismus und Josefa Behrens-Totenohl im Schrank.
Den Scheitel grade und die Nägel kurz geschnitten,
das wuchert um sich, zieht die Messer blank,
gen Ostland wird natürlich auch geritten.

Ich versteh's nicht,
kein Mensch regt sich.
Und das deutsche Volk pflegt sich.

Ich kann es nicht poetisch sagen,
ich weiß nur noch von jenen Jahren,
wo Menschen ein Stück Vieh für den Gefreiten waren.
Ich versteh's nicht,
keiner geht auf die Straße;
NUR, wenn Gammler dort zu sehn,
bleiben viele Leute stehn.
Und es leuchtet in ihren so friedlichen Augen:
Nur weg mit diesen Untermenschen, die nichts taugen.
Das ist des Spießers Zucht und Ordnungssinn –
Bollwerk gegen den Kommunismus.   *Hüsch*

Da habt ihr es, das Argument der Straße.
Sagt bloß jetzt nicht: Das haben wir nicht gewollt.
Zu oft verhöhnt habt ihr die sogenannte Masse,
die euch trotz allem heut noch Beifall zollt.
Nun wißt ihr es: Uns ist es nicht genug,
in jedem vierten Jahr ein Kreuz zu malen.
Wir rechnen nach und nennen es Betrug,
wenn es gar keine Wahl gibt bei den Wahlen.

Jetzt schreiben wir die Kreuze an die Wände
mit roter Farbe. Warum eure Wut?
Das ist doch Farbe. Aber eure Hände
sind seit Berliner Tagen voller Blut.
Zerquetschte Schädel stellt ihr zum Vergleich
geplatzten Eiern und Tomaten.
Das ist nicht neu in diesem Land! Und euch,
euch paar'n, die ihr mal anders wart, was soll
man euch noch raten?

Genau das ist die Mischung, die wir kennen:
Gerührt bei kindischer Sorayerei.
Und das schlägt zu, mitten im Flennen.
Das Wetter stimmt, und Kurras schießt und lacht.
Wer soll ihn schon bestrafen?
Jetzt denkt an Deutschland in der Nacht.
Und sagt, wer kann noch ruhig schlafen?   *Degenhardt*

Gegen Mode und Sex,
Geld und Gewinn
hilft bei uns nur ein neuer Faschismus.
Das ist der alte Hugenbergmief,
die Hindenburg-Diadochen.
Der braune Mob, das sitzt so tief,
kommt immer wieder gekrochen
und sitzt an unsrem Familientisch
und ißt mit uns das gleiche Brot
und fängt mit uns denselben Fisch
und schickt Millionen in den Tod.
Ich versteh's nicht,
kein Mensch regt sich.
Und das deutsche Volk pflegt sich.

Doch, ich denke, darauf können wir uns nicht verlassen.
Unsre Freiheit wird bedroht vom selben Feind.
Die Bevormundung, sie nimmt kein Ende.
Diese deutsche Krankheit kriegt man nicht mit Anpassung
zu fassen.
Und man möchte mit den Gammlern gehen
und den freien Himmel täglich sehen,
und wir lägen am Boden und wären nicht wer.
Und hätten kein Geld und kein Vaterland mehr.
In Kellern säßen wir dann und auf Bäumen
und wären beschäftigt mit anderen Träumen,
und wir sehen manchen Kontinent.
Und wir kennen manchen, den man hier nicht kennt,
und wir hören kein dummes und falsches Geschwätz mehr.
Und fürchten kein Notstands- und Nazigesetz mehr.

Doch, das geht nicht, das geht nicht,
denn es gibt noch ein paar Freunde, die uns brauchen;
und es gibt noch ein paar Menschen, die gescheit sind;
und es gibt noch ein paar Kinder, die noch längst nicht
so weit sind;
und es gibt noch ein paar Tote, die uns beim Wort genommen.
FREUNDE, WIR HABEN ARBEIT BEKOMMEN.   *Hüsch*

Inhalt

Hierzulande

Intermezzo

Erste Welt
(schlagwortartig auch DRITTE genannt)

*In diesem Band wurden fünf Texte von Franz Josef Degenhardt mit
aufgenommen, die bereits in dem Band «Spiel nicht mit den Schmuddelkindern» (rororo Nr. 1168) enthalten sind. Diese Texte sind für die
Abfolge wichtig.*

Die Liedermacher
Songs, Gedichte und Prosa

Franz-Josef Degenhardt

Spiel nicht mit den Schmuddelkindern
Balladen, Chansons, Grotesken, Lieder
rororo 1168

Im Jahr der Schweine
27 Lieder mit Noten.
rororo 1661

Franz-Josef Degenhardt/ Wolfgang Neuss/ Hanns Dieter Hüsch/ Dieter Süverkrüp

Da habt ihr es!
Stücke und Lieder für ein deutsches Quartett.
rororo 1260

Herman van Veen

Worauf warten wir?
Lieder, Notizen und Geschichten.
rororo 4933

Konstantin Wecker

Ich will noch eine ganze Menge leben
Songs, Gedichte, Prosa.
rororo 4797

Man muß den Flüssen trauen
Unordentliche Elegien.
rororo 4984

Und die Seele nach außen kehren
Ketzerbriefe eines Süchtigen.

Uns ist kein Einzelnes bestimmt
Neun Elegien.
rororo 5100 (April 83)

Bettina Wegner

Wenn meine Lieder nicht mehr stimmen
Mit einem Vorwort von Sarah Kirsch.
rororo 4399

Traurig bin ich sowieso
Lieder und Gedichte.
rororo 5004 (Oktober 82)

Thomas Rothschild (Hg.)
Wolf Biermann
Liedermacher und Sozialist.
rororo 4017

Hans Scheibner

Spott ist allmächtig
Lästerlyrik.
rororo 4132

Sinn und Politik

Schriften und Selbstzeugnisse einer neuen Aufklärung

«Sich selbst zu verändern, glaubwürdig zu werden, Menschen zu überzeugen und den verschiedensten Formen von Ausbeutung und Terror entgegenzuwirken, das mag in manchen Augenblicken ungeheuer schwer erscheinen. Und dennoch gibt es dazu keine Alternative.»

Rudi Dutschke

Albertz, Heinrich / Gollwitzer, Helmut / Potter, Philip / Schönherr, Albrecht / Sölle, Dorothee u. a.
Zumutungen des Friedens
Kurt Scharf zum 80. Geburtstag.
Herausgegeben von Volkmar Deile
(5032)

Bensberger Kreis (Hg.)
Frieden – für Katholiken eine Provokation?
Ein Memorandum
(5114)

Castillo, Carmen
Santiago de Chile
Ein Tag im Oktober
(4733)

Dutschke, Rudi
Die Revolte
(4935 – in Vorbereitung)

Mein langer Marsch
Reden, Schriften und Tagebücher aus zwanzig Jahren. Herausgegeben von Gretchen Dutschke-Klotz, Helmut Gollwitzer und Jürgen Miermeister
(4718)

Eppler, Erhard
Das Schwerste ist Glaubwürdigkeit
Gespräch über ein Politikerleben mit Freimut Duve
(4355)

Fischer, Fritz
Juli 1914: Wir sind nicht hineingeschlittert
Das Staatsgeheimnis um die Riezler-Tagebücher
Eine Streitschrift gegen deutsche Historiker
(5126)

Havel, Václav
Versuch, in der Wahrheit zu leben
(4624)

Illich, Ivan
Die Nemesis der Medizin
(4834)

Selbstbegrenzung
Eine politische Kritik der Technik
(4629)

Vom Recht auf Gemeinheit
(4829)

Kahl, Joachim
Das Elend des Christentums oder Plädoyer für eine Humanität ohne Gott
(1093)

Meyer, Philippe
Das Kind und die Staatsräson
(4734)

Sölle, Dorothee
Im Hause des Menschenfressers
Texte zum Frieden
(4848)

Liberalität

«Fremde sind Leute, die später
gekommen sind als wir:
in unser Haus, in unseren Betrieb,
in unsere Straße,
unsere Stadt, unser Land.
Die Fremden sind frech:
die einen wollen so leben wie wir,
die anderen wollen nicht so leben
wie wir.
Beides ist natürlich widerlich.
Alle erheben dabei Ansprüche
auf Arbeit, auf Wohnungen
und so weiter,
als wären sie normale Einheimische.
Manche wollen unsere Töchter
heiraten, und manche wollen sie
sogar nicht heiraten,
was noch schlimmer ist.
Fremdsein ist ein Verbrechen,
das man nie wieder gutmachen kann.»

Gabriel Laub, tschechischer Asylant

rororo aktuell

Herausgegeben von Freimut Duve im Rowohlt Taschenbuch Verlag

Liberalität

Güde, Max / Raiser, Ludwig /
Simon, Helmut / Weizsäcker, Carl
Friedrich v.
**Zur Verfassung unserer
Demokratie**
Vier republikanische Reden
(4279)

Wie sieht der CDU-Staat aus?
Herausgegeben von Eduard Heußen
(5128)

Klein, Hans-Joachim
Rückkehr in die Menschlichkeit
Appell eines ausgestiegenen Terroristen
(4544)

Kleinert, Ulfrid (Hg.)
Gewaltfrei widerstehen
Brokdorf-Protokolle gegen Schlagstöcke
und Steine
(4851)

Koch, Frank Alexander
Bürgerhandbuch Datenschutz
Wer sammelt die Daten, wie schützt
sich der Bürger?
(4837)

Meinhardt, Rolf (Hg.)
Ausländerfeindlichkeit
(Arbeitstitel/5033 – in Vorbereitung)

Müller-Münch, Ingrid / Prosinger, Wolfgang /
Rosenbladt, Sabine / Stibler, Linda u. a.
**Besetzung – weil das Wünschen
nicht geholfen hat**
Köln, Freiburg, Gorleben, Zürich und Berlin
(4739)

Ohne Zweifel für den Staat –
Die Praxis zehn Jahre nach dem
Radikalenerlaß
Herausgegeben vom Komitee für
Grundrechte und Demokratie
(4728)

Narr, Wolf-Dieter (Hg.)
Wir Bürger als Sicherheitsrisiko
Berufsverbot und Lauschangriff.
Beiträge zur Verfassung unserer Republik
(4181)

Pokatzky, Klaus
Zivildienst
(Arbeitstitel – 4838/in Vorb.)

Schuchardt, Helga / Verheugen
Günter (Hg.)
Das liberale Gewissen
(5127)

Spaich, Herbert (Hg.)
Asyl bei den Deutschen
Beiträge zu einem gefährdeten Grundrecht
(4823)

Stümke, Hans-Georg / Finkler, Rudi
Rosa Winkel, Rosa Listen
Homosexuelle und «Gesundes
Volksempfinden» von Auschwitz
bis heute
(4827)

Vinke, Hermann
Mit zweierlei Maß
Die deutsche Reaktion auf den
Terror von rechts. Eine Dokumentation
(4822)

Zülch, Tilman (Hg.)
**In Auschwitz vergast, bis heute
verfolgt**
Zur Situation der Roma (Zigeuner)
in Deutschland und Europa
(4430)

rororo aktuell

Herausgegeben von Freimut Duve im Rowohlt Taschenbuch Verlag

Frieden und Abrüstung

«Was die vielen Gruppen der Friedensbewegung verbindet, ist die Überzeugung, daß das was sich heute Sicherheitspolitik nennt, an Irrationalität kaum mehr zu überbieten ist. Wer sich einem graduellen Umdenken und Umsteuern verschließt, wird daher die totale Verweigerung fördern. Und sie wird dann keine vorübergehende Mode sein, sie wird zum Politikum ersten Ranges.»
Erhard Eppler

Albertz, Heinrich / Gollwitzer, Helmut / Potter, Philip / Schönherr, Albrecht / Sölle, Dorothee u. a.
Zumutungen des Friedens
Kurt Scharf zum 80. Geburtstag.
Herausgegeben von Volkmar Deile
(5032)

Albrecht, Ulrich / Lock, Peter / Wulf, Herbert
Mit Rüstung gegen Arbeitslosigkeit?
(5122)

Bensberger Kreis (Hg.)
Frieden – für Katholiken eine Provokation?
Ein Memorandum
(5114)

Boserup, Anders / Mack, Andrew
Krieg ohne Waffen?
Studie über Möglichkeiten und Erfolge sozialer Verteidigung: Kapp-Putsch 1920/ Ruhrkampf 1923 / Algerien 1961 / ČSSR 1968 (1710)

Cooley, Mike
Produkte für das Leben statt Waffen für den Tod
Arbeitnehmerstrategien für eine andere Produktion.
Das Beispiel Aerospace
(4830)

Däubler, Wolfgang
Stationierung und Grundgesetz
Was sagen Völkerrecht und Verfassungsrecht zu neuen Massenvernichtungswaffen (ABC-Waffen) in der Bundesrepublik?
(5018)

Duve, Freimut / Böll, Heinrich / Staeck, Klaus
Zuviel Pazifismus?
(4846)

Ehring, Klaus / Dallwitz, Martin
Schwerter zu Pflugscharen
Friedensbewegung in der DDR
(5019)

Fulbright, J. William
Arroganz der Macht
(987)

Galtung, Johan
Strukturelle Gewalt
Beiträge zur Friedens- und Konfliktforschung
(1877)

Anders verteidigen
Beiträge zur Friedens- und Konflikforschung 2
(4932)

rororo aktuell

Herausgegeben von Freimut Duve im Rowohlt Taschenbuch Verlag

Frieden und Abrüstung

Nakazawa, Keiji
Barfuß durch Hiroshima
Eine Bildergeschichte gegen den Krieg
(4722)

Randzio-Plath, Christa (Hg.)
Was geht uns Frauen der Krieg an?
(5021)

SIPRI (Hg.)
Rüstung und Abrüstung im Atomzeitalter
Ein Handbuch
(4186)

Ganser, Helmut W. (Hg.)
Technokraten in Uniform
Die innere Krise der Bundeswehr
(4525)

Komitee für Grundrechte und Demokratie
Frieden mit anderen Waffen
Fünf Vorschläge zu einer alternativen Sicherheitspolitik
(4939)

Lumsden, Malvern
Vom Dumdum zum Napalm
Der SIPRI-Report über besonders grausame Waffen
(Arbeitstitel / 5020)

Lutz, Dieter S.
Weltkrieg wider Willen?
Die Nuklearwaffen in und für Europa.
Ein Beitrag zur Diskussion um den Nachrüstungsbeschluß
(4934)

Mechtersheimer, Alfred (Hg.)
Nachrüsten?
Dokumente und Positionen zum Nato-Doppelbeschluß
(4940)

Rüstungsjahrbuch '80/81
Weltweite Militärausgaben / Rüstungsvergleich / Eurostrategische Waffen / Atomwaffen
(4735)

Rüstungsjahrbuch '81/82
Jahrzehnt der Aufrüstung / Waffen im Weltraum / Atomwaffen und Kriegsgefahr / Chancen der Abrüstung? / Strategische Waffen
(4852)

Rüstungsjahrbuch '82/83
(in Vorbereitung / 5022)

Sölle, Dorothee
Im Hause des Menschenfressers
Texte zum Frieden
(4848)

Studiengruppe Militärpolitik
Aufrüsten, um abzurüsten?
Informationen zur Lage.
Friedensforscher reagieren auf die internationale Krise
(4717)

rororo aktuell

aktuell ro ro ro

Herausgegeben von Freimut Duve im Rowohlt Taschenbuch Verlag

Arbeit/
Arbeits-
losigkeit

rororo aktuell

aktuell ro ro ro

Herausgegeben von Freimut Duve im Rowohlt Taschenbuch Verlag

Probleme der Dritten Welt

rororo aktuell

rororo aktuell

Herausgegeben von Freimut Duve im Rowohlt Taschenbuch Verlag

Probleme der Dritten Welt

rororo aktuell

Herausgegeben von Freimut Duve im Rowohlt Taschenbuch Verlag

aktueller
Leitfaden

Däubler, Wolfgang
Das Arbeitsrecht
Von der Kinderarbeit zur Betriebs-
verfassung. Ein Leitfaden für
Arbeitnehmer
(4057)

Das Arbeitsrecht 2
Ein Leitfaden für Arbeitnehmer
(4275)

Kidron, Michael / Segal, Ronald
Hunger und Waffen
Ein politischer Weltatlas zu den Krisen
der 80er Jahre
(4726)

Hofmann, Werner
**Grundelemente der Wirtschafts-
gesellschaft**
Ein Leitfaden für Lehrende
(1149)

Israel, Joachim
Die sozialen Beziehungen
Grundelemente der Sozialwissenschaft.
Ein Leitfaden
(4063)

Koch, Frank-Alexander
Bürgerhandbuch Datenschutz
Wer sammelt die Daten, wie schützt sich
der Bürger?
(4837)

Großformat/vierfarbig

Raschke, Joachim (Hg.)
**Die politischen Parteien in
Westeuropa**
Geschichte – Programm – Praxis.
Ein Handbuch
(4269)